Decidiendo a la manera de D...
una manera de abordar un...
madurez y esmero. En lo pe...
ilustra numerosos puntos (los comentarios acerca del hermano
débil y el hermano fuerte fueron especialmente útiles) y su tesis
general es muy convincente. A medida que entramos en la edad
posmoderna, con sus confusiones acerca de cómo incorporar la
Biblia al panorama actual, el desafío del Dr. Meadors, en cuanto a
que este sigue siendo fundamental en la búsqueda de la voluntad
de Dios, es un recordatorio útil y desafiante».

MARTIN G. ABEGG, hijo, Doctor en filosofía, Profesor
de la Universidad *Trinity Western*

«En *Decidiendo a la manera de Dios* Gary Meadors nos libera de
ver la voluntad de Dios como una carga o misterio, para abrazar
gozosos la voluntad de Dios como un patrón de vida. La voluntad de
Dios es una mente transformada y arraigada en una cosmovisión
cristiana y en los valores bíblicos. Con precisión teológica y perspectivas prácticas, Meadors nos ayuda a discernir que en última
instancia la voluntad divina es cuestión de la voluntad moral de
Dios, a partir de la cual entonces nosotros abordamos las decisiones
que encaramos cada día. Una contribución bienvenida y amena a
la literatura sobre la voluntad de Dios».

DENNIS P. HOLLINGER, Doctor en filosofía, vice
rector y profesor del *Messiah College*

«En esta obra que nos motiva pensar, Gary Meadors presenta bien
el punto de vista de que encontrar la voluntad de Dios involucrará
aplicar el discernimiento piadoso en lugar de imaginar por adelantado el plan soberano de Dios. El mensaje que viene de modo muy
claro es que es imposible conocer la voluntad de Dios sin primero
conocer a Dios, sin estudiar su Palabra, ver el mundo desde su
perspectiva y asumir sus valores».

DR. JOEL F. WILLIAMS, profesor de la Universidad Columbia International

«Por fin, un libro que trata acerca de cómo tomar decisiones y que
se nutre tanto de la teología bíblica como de las consideraciones
de la cosmovisión cristiana. Es algo sin igual en esta literatura por
ser bíblicamente sólido, filosóficamente bien fundado y útil en un
sentido práctico. Escrito para el lector que discierne, es una adición
distintiva y bienvenida a este debate recurrente».

DR. JAMES M. GRIER, profesor del Seminario Bautista Grand Rapids

«Aprecio la claridad bíblica que el Dr. Meadors trae al tema principal de cómo conocer la voluntad de Dios. Este libro debe ser una gran ayuda para todos aquellos que lo lean, especialmente a la luz de la nublosa confusión que existe hoy acerca de cómo conocer la voluntad de Dios. Gracias por un libro excelente que se deriva de la Biblia».

STEPHEN L. JAEB, presidente de la Fundación *The Believers*

«Si tienes sospechas, haces bien. ¿Con qué audacia incluso los creyentes bien intencionados dictan pronunciamientos sobre tomar decisiones a la manera de Dios? Si crees que el título es presumido, vuelve a pensar. No, Meadors, un erudito del Nuevo Testamento arraigado en la vida real, no tiene una palabra secreta que provenga de lo divino. Ni tampoco tiene directrices rimbombantes que caractericen el tono ni su orientación. Lo que este libro ofrece y lo que distingue este volumen tan fácil de leer y en última instancia tan práctico, es la manera de tratar el pensamiento de la revelación bíblica, la cual pone en el contexto los valores arraigados necesarios para nosotros escuchar y entonces decidir. Si el lector busca frases trilladas para una pegatina o la adivinación por recetas o incluso una oración mágica, tal vez este libro no sea para ti. El premio engalanado de leer y aplicar los principios de este libro nos lleva a discernir la voz de Dios con más claridad al conocer mejor a Dios. Esta obra y su modelo de valores ruegan que los cristianos la estudien en comunidad».

MARK A. LAMPORT, Doctor en filosofía, profesor del Seminario Bautista Grand Rapids

Decidiendo a la manera de Dios

Un nuevo modelo para conocer la voluntad de Dios

Gary T. Meadors

La misión de Editorial Vida es proporcionar los recursos necesarios a fin de alcanzar a las personas para Jesucristo y ayudarlas a crecer en su fe.

DECIDIENDO A LA MANERA DE DIOS
Edición en español publicada por EDITORIAL VIDA —2007
Miami, Florida
© 2003 por Gary Meadors

Publicado en inglés bajo el título:
Decision Making God's Way
por *Baker Books*
© 2003 por Gary Meadors

Traducción: *Elizabeth Fraguela M.*
Edición: *Wendy Bello*
Diseño interior: *artserv*
Diseño de cubierta: *Pamela Poll*
Adaptación de la cubierta: *Good Idea Productions, Inc.*

Reservados todos los derechos. A menos que se indique lo contrario, el texto bíblico se tomó de la *Santa Biblia Nueva Versión Internacional.*
© 1999 por la Sociedad Bíblica Internacional.

ISBN-10: 0-8297-4829-6
ISBN-13: 978-0-8297-4829-1

Categoría: RELIGIÓN / Vida cristiana / General

Impreso en Estados Unidos de América
Printed in the United States of America

07 08 09 10 11 12 ❖ 6 5 4 3 2 1

Para
Gloria
y Rex
y Lori

Contenido

Prefacio

Las ideas que se presentan en este libro tomaron forma a través de un largo tiempo. Mi estudio de la Biblia y mis observaciones acerca de la vida lentamente se fusionaron en un modelo para discernir la voluntad de Dios en las decisiones diarias que nos confrontan. He presentado estas ideas en iglesias y en salones de clases, y las reacciones de aliento motivaron el nacimiento de este libro.

Una vez alguien declaró: «La creatividad no es tanto un asunto de contenido como de un trato particular». Este libro trata los pasajes bíblicos y las ideas que incluyen la mayoría de los libros sobre la voluntad de Dios; sin embargo, el modelo que yo presento es único. Espero que una nueva manera de ver el discernimiento de la voluntad de Dios para las decisiones que tú encaras te ayude a tomar mejores decisiones.

Como autor, estoy en deuda con todo lo que he leído y con las personas con quienes he conversado acerca de este tema. Al solo mencionar a algunos de los que me ayudaron en todo el proceso, corro el riesgo de omitir a alguien que debiera mencionarse. Sin embargo, necesito hacer una nota especial sobre algunos que ayudaron a darle forma a mis pensamientos al revisar varias versiones de este volumen. Mis colegas

Mark Lamport, John VerBerkmoes, Rex Rogers, James Grier, George Zemek y Mike Rohwer ofrecieron muchas perspectivas útiles. Gracias también a Keith DeBoer y Tim Detweiler por los comentarios sobre una prueba que hicimos en la Escuela Dominical de mi iglesia local. Mis estudiantes Micah Roberts y Scott Thomas brindaron una ayuda especial al hacer las gráficas de algunas ideas en diapositivas de *Power Point*. Un agradecimiento especial para Gloria, mi esposa, por leer varias versiones y sacrificar tiempo con la familia durante la redacción de este libro. También me beneficié grandemente de la excelente orientación editorial de mi editora en Baker Books, Vicki Crumpton.

Este libro nunca habría sido posible sin la generosa subvención que recibí de la *Believer's Foundation* [Fundación de creyentes]. Gracias, Steven y Ken, por iniciar el proceso de la subvención y ayudarme a hacer de este proyecto una realidad.

Introducción

En 1966 acababa de retirarme de la marina e iba de camino para la universidad en Roanoke, Virginia. Durante mi tiempo de servicio me convertí en cristiano y decidí que mi llamado en la vida era prepararme para una carrera cristiana profesional. Por fin comenzaría el peregrinaje hacia la escuela y el ministerio de tiempo completo. Durante mi primer semestre una joven llamada Gloria capturó mi atención. Nos conocimos brevemente en el *Christian Servicemen's Center* [Centro para los militares cristianos] en Norfolk y descubrimos que íbamos a la misma escuela. Una vez en la universidad, observé la facilidad que Gloria tenía para relacionarse. Para mí ella sobresalía porque yo era un solitario y me sentía incómodo con las relaciones sociales. Noté cómo ella podría agregar una dimensión a mi futuro ministerio, y la invité a salir. Nos comprometimos en la segunda salida, ¡aunque ella me hizo esperar un par de días antes de darme el sí! Ella escribió a su casa con la noticia y me informó que sus padres nos visitarían durante el próximo fin de semana.

El padre de Gloria solo hacía diez años que era cristiano. Antes de su conversión, vivió una vida muy difícil y todavía conservaba una capa exterior de tosquedad. Cuando llegaron, él sentó a Gloria y a su esposa en el asiento trasero del auto y yo en el frente. Pasó dos días interrogándome acerca de este noviazgo repentino y por qué yo creía que debía casarme con su hija. A la medianoche, cuando todo parecía perdido, yo espeté: «Nos casaremos porque es la voluntad de Dios». Esto por fin terminó efectivamente la discusión. El padre de Gloria ahora estaba satisfecho y yo estaba aliviado de haber terminado con la inquisición. Después de este comentario papá no hizo más preguntas, porque ya se había pronunciado el sello divino de aprobación al tomar una decisión: «Es la voluntad de Dios». ¿Quién podía discutir con esta declaración?

Desde ese día ya ha llovido mucho. Recientemente mi esposa y yo celebramos nuestro treinta y cinco aniversario de bodas. La decisión que tomamos demostró ser buena. Pero si hoy todavía yo estuviera en el asiento del auto de mi suegro, realmente meditaría en el asunto de la voluntad de Dios de una manera más objetiva que en aquel tiempo. ¿Cómo evaluarías tú esa relación repentina? ¿Qué preguntas harías si fueras el padre de Gloria? ¿Qué respuestas aceptarías? ¿Qué *valores* estaban dirigiendo el proceso de mi decisión en ese momento, ya fuera que yo estuviera o no consciente de estos? Creo que tenía algunos valores egoístas como también algunos buenos. ¿Cuáles eran estos? ¿Es adecuada la auto proclamada afirmación «es la voluntad de Dios» para justificar una decisión? ¿Cómo puedes saber incluso si algo es la voluntad de Dios?

Estoy seguro que te habrás preguntado: «¿Cuál es la voluntad de Dios para mi vida?» Quizás estuviste reflexionando en las decisiones de qué carrera estudiar, con quién casarte, dónde vivir o cuánto demorarte para la compra de una casa. Tal vez tuviste la oportunidad de cambiar a un trabajo que te brindaba el progreso en tu carrera pero traía conflicto en tu familia debido a la interrupción potencial en tu estilo de vida. ¿Alguna vez te viste luchando para explicar por qué Dios «cambió de idea» acerca de una línea de acción que antes seguiste dogmáticamente, sin embargo, ahora te ves mirando en una nueva dirección? ¿Cómo tú procesas las decisiones que la vida te trae a diario? Todos los cristianos luchan con el conocimiento de la voluntad de Dios. A menudo buscamos un sentido de seguridad en nuestros esfuerzos para discernir las decisiones de la vida incluso mientras oramos e intentamos vivir una vida santa.

La meta de este libro es ayudarte a aprender a discernir las decisiones de la vida y ganar confianza en el proceso. Conocer la voluntad de Dios acerca de los asuntos de la vida a los que te enfrentas es principalmente un proceso de aclarar las preguntas y desafíos de la vida desde la cosmovisión y los valores bíblicos. Los siguientes capítulos te mostrarán cómo tu perspectiva y valores afectan el discernimiento cristiano. Tú aumentarás tu capacidad para pensar críticamente acerca de la voluntad de Dios para tu vida en el marco bíblico que Dios ya te dio. Te animarás a crear y evaluar tus valores desde una perspectiva bíblica y aplicarlas a los asuntos y decisiones que tú confrontas. Dicha perspectiva te enseña a lidiar con la vida en lugar de ser una víctima de procesos subjetivos y de voces que exigen que te conformes a «su» manera de ver las cosas.

EL GRAN PANORAMA

Desarrollar un modelo para discernir la voluntad de Dios es como intentar construir un rascacielos en un día. ¡No se puede hacer! Se requiere una secuencia de pasos para construir un buen edificio o producir un modelo de discernimiento. Sin embargo, en este punto la analogía se estropea un poco. Un edificio físico debe hacerse desde abajo hacia arriba. Un marco mental es un poco más complicado. Por ejemplo, este libro debía comenzar por tratar versículos bíblicos específicos acerca de la voluntad de Dios. Esto sería un método analítico, semejante a estudiar árboles individuales antes de conocer el bosque en el cual está localizado. O, podríamos comenzar con el gran panorama de manera que podamos ver todo el bosque, un método sintético identifica el bosque y así podemos reconocer los árboles a medida que los encontramos. Una síntesis comienza con la idea general y luego llega a ser más específica, en este caso, estudiando los pasajes bíblicos para entender el génesis de la gran idea.

Decidiendo a la manera de Dios te lleva de la síntesis al análisis. Por ejemplo, un texto clásico acerca de la voluntad de Dios está en Romanos 12:1-2: «No se amolden al mundo actual, sino sean transformados mediante la renovación de su mente. Así podrán comprobar cuál es la voluntad de Dios, buena, agradable y perfecta». Esta declaración plantea algunos asuntos fundamentales para nuestra búsqueda de conocer la voluntad de Dios. El hecho de que necesitemos una mente transformada indica que ya tenemos un problema. También implica que tenemos la responsabilidad de pensar y actuar. Nuestro «problema de conocer» se identificará junto con la solución que Dios brindó. Debido a que la mente necesita transformarse, debemos saber cómo procesamos las decisiones de la vida. ¿Cómo pensamos acerca de las cosas? ¿Cómo se desarrollaron nuestra cosmovisión y valores?

Quiero ayudarte a crecer como un cristiano pensante de manera que puedas ganar confianza en tu andar con Dios. Espero que comiences a procesar tus decisiones dentro de un marco objetivo de los valores en lugar de solo «guiarte por tus sentimientos» en el camino de la vida.

BOSQUEJO DE LOS CAPÍTULOS

Los capítulos 1 al 3 establecen fundamentos para pensar en la voluntad de Dios. Comenzamos por reconocer que Dios nos creó a su imagen. Adán no era un robot, sino que fue creado para tomar decisiones guiado por la enseñanza directa de Dios. Adán falló en su tarea y por lo tanto pasó a sus descendientes la misma propensión. Aunque nuestra tarea es complicada por los resultados del pecado, nuestra responsabilidad básica es la misma. Debemos vivir la vida según la base de la verdad revelada de Dios. También veremos muy de cerca por qué resulta problemático para nosotros conocer a Dios y su voluntad, cómo Dios abordó el problema y qué podemos hacer para establecer patrones y considerar la voluntad de Dios a la luz de los valores bíblicos.

Los capítulos 4-6 examinan lo que realmente dice la Biblia acerca de conocer y hacer la voluntad de Dios. Investigaremos los Testamentos, el Antiguo y el Nuevo, para descubrir cómo cada generación de creyentes ha lidiado con la búsqueda de conocer a Dios y su voluntad. Y, además, delinearemos la diferencia entre la obligación moral y nuestra oportunidad para *escoger* un procedimiento a seguir dentro de los límites establecidos.

El capítulo 7 hace énfasis en nuestra responsabilidad de practicar el discernimiento piadoso en las decisiones diarias, haciendo relucir la voluntad de Dios para nosotros. Discernir la voluntad de Dios requiere leer la Biblia como un libro completo y no solo como una fuente para un «texto de prueba» que justifique una decisión.

Después de haber establecido los asuntos más objetivos de conocer la voluntad de Dios, los capítulos 8 al 10 evalúan algunas de las «voces interiores» de guía. El papel de los «sentimientos», la conciencia y el Espíritu Santo son difíciles de discernir. Estas voces se hacen más claras después de identificar los fundamentos y patrones bíblicos de la orientación. El libro concluye con preguntas y respuestas que ilustran el modelo presentado.

El hecho de que tú hayas escogido leer este libro indica que eres un cristiano serio y pensador. Espero que tu peregrinaje a través de este volumen te haga un cristiano más reflexivo y que se adueñe del proceso de tomar las decisiones de la vida.

Parte 1

Fundamentos para conocer la voluntad de Dios

Las confesiones cristianas afirman que la Biblia es suficiente para la fe y la práctica. Con esta afirmación viene la suposición de que la Biblia dirige cualquier pregunta o necesidad que podamos tener alguna vez. Luego, eventualmente, dejamos el hogar, tenemos un problema, corremos a la Biblia y sentimos como si no pudiéramos encontrar la respuesta que se nos promete. Esta crisis lleva a algunos jóvenes adultos a relegar la Biblia a la «actividad religiosa» y buscar orientación en otras partes para sus decisiones diarias. Sin embargo, más comúnmente, lleva a los cristianos sinceros a convertirse en subjetivos respecto a la comprensión de la guía de Dios en sus vidas. Tal es el caso cuando decimos conocer la voluntad de Dios acerca de un asunto pero no podemos dar un razonamiento bíblicamente claro para explicar cómo conocemos lo que decimos conocer.

El capítulo 1 investiga la explicación de la Biblia en cuanto a nuestro problema para conocer a Dios y su voluntad. Aunque fuimos creados a la imagen de Dios, para glorificar a Dios siendo buenos hacedores de decisiones, el pecado de Adán y sus consecuencias arruinaron nuestra oportunidad. No obstante, Dios, en su gracia, respondió a nuestro problema, revelándose a sí mismo y su voluntad a varias generaciones de creyentes. La Biblia es el producto supremo de los hechos de la revelación de Dios.

El capítulo 2 señala que Dios espera que nosotros cambiemos la manera de pensar para que podamos lidiar con nuestro mundo. Romanos 12:1-2 nos llama a transformar nuestras mentes para que nuestros pensamientos reflejen la enseñanza de Dios. No solo necesitamos conocer las expectativas de los mandamientos de la Biblia sino también desarrollar una cosmovisión y valores bíblicos de manera que podamos contestar las cuestiones que un solo versículo bíblico no plantea. A través de este libro yo uso la frase «mente transformada», capturando el producto final de la exhortación de Pablo «sean transformados mediante la renovación de su mente». La mente es la puerta para todos los cambios, tanto cognitivos como morales. Sin embargo, una vez que obtengamos el conocimiento, debemos ejercitar nuestra «voluntad» para traer nuestra práctica a la conformidad con lo que conocemos.

El capítulo 3 ilustra cómo una cosmovisión y los valores bíblicos modelan el proceso de las decisiones de la vida. Entonces, con una visión de nuestro problema y la solución de Dios, descubriremos cómo las declaraciones específicas de la Biblia acerca de la voluntad de Dios funcionan mejor dentro de un modelo de valores bíblicos que en los modelos típicamente subjetivos.

Conocer a Dios

■ «Houston, tenemos un problema». Esta es la declaración clásica del capitán James Lovell, comandante del Apollo 13, durante una transmisión en vivo por televisión el 14 de abril de 1970. Las palabras del capitán Lovell pusieron en movimiento un escenario de intenso rescate que guió con seguridad a la tripulación de regreso a la tierra, aterrizando en el Océano Pacífico el 17 de abril. Fue una angustiosa experiencia de tres días que captó la atención del mundo mediante la televisión.

Si Houston puede rescatar una cápsula espacial y liberar a la tripulación de lo que parece ser una muerta segura, ¿por qué es que cuando los cristianos claman: «Dios, tenemos un problema», el otro extremo del teléfono a veces parece permanecer en silencio? La mayoría de nosotros cree que Dios lo sabe todo y que él nos ama. Por lo tanto, parece razonable que Dios provea una dirección inmediata a sus hijos cuando llamamos buscando ayuda. Entonces, ¿por qué a menudo luchamos por conocer la voluntad de Dios para nuestras vidas? La vida parece un laberinto que nos desafía a llevarnos desde la entrada hasta la salida sin que nos agarren en un callejón sin salida. Dentro del laberinto, solo vemos paredes y dobleces. Dios permanece por encima del laberinto y mira hacia abajo a nuestra situación apremiante. Él conoce el camino correcto. Sin embargo, con frecuencia encontramos que está en silencio a medida que nosotros evaluamos el cruce que enfrentamos. O, pensamos que lo escuchamos decir: «Dobla a la izquierda», solo para encontrarnos frente a un callejón sin salida y en el dilema de explicar la dirección incorrecta que le acreditamos a Dios. ¿Cómo equilibramos la realidad de la vida que experimentamos con la buena teología?

Buscar la voluntad de Dios para una decisión en particular comienza con un peregrinaje en uno de los temas más básicos aunque más profundos en cuanto al desarrollo de una cosmovisión cristiana. ¿Qué podemos saber? ¿Cómo saber lo que podemos saber? ¿Cómo Dios nos comunica los conocimientos? Estas clases de preguntas se refieren a lo que los filósofos y teólogos llaman «epistemología». La epistemología es el estudio de las fuentes, naturaleza y validez del conocimiento. Es esencial pensar acerca de estas cuestiones como un fundamento antes de considerar cómo saber la voluntad de Dios para nuestras vidas. Este capítulo te ayudará a ver el gran panorama de este problema, cómo Dios ha tratado este problema y cómo el pueblo de Dios según los informes de las Escrituras ha continuado con la vida a pesar del desafío de conocer a Dios y sus caminos.

¿CÓMO SABEMOS LAS COSAS?

¿Cómo ganamos conocimiento de nuestro mundo? Comencemos con el mundo en general. Los filósofos reconocen cuatro maneras de saber lo que sabemos. Esto incluye el sentido de la percepción, la razón, la autoridad y la intuición.

Nuestros sentidos de la vista, el oído, olfato, gusto y tacto nos ayudan a conocer nuestro mundo. Cuántas veces tú dices «¡Lo creeré cuando lo vea!» Esta declaración significa que cuando realmente yo vea un hecho, entonces sabré que es verdad y vale la pena creerlo. (Por otra parte, una persona ciega conoce el mundo por el sentido del tacto, el olfato y el oído, sentidos que a menudo se intensifican cuando la vista no está presente.) Si alguien dice que afuera hay frío, podemos ir afuera de la puerta para sentir cuánto frío hay. Para adquirir conocimiento confirmamos algunas declaraciones acerca de la realidad con nuestros sentidos. El sentido de la percepción es más objetivo por naturaleza. Es decir, los sentidos no son solo sentidos internos o intuiciones sin algo concreto que los respalde. Para que los sentidos confirmen el conocimiento se requiere un escenario objetivamente perceptible.

Sin embargo, el sentido de la percepción por su cuenta, no es adecuado para todos los conocimientos. Considera la siguiente ilustración. Una vez escuché un chiste acerca de un cuáquero y un ateo. Los cuáqueros son conocidos por recalcar su experiencia del conocimiento de Dios. Un cierto ateo quería demostrarle la falta de habilidad de un cuáquero para probar la existencia de Dios, así que le hizo una serie de preguntas.

—Srta. Cuáquera, ¿alguna vez vio a Dios?

—Lo veo en su creación —replicó ella.

—Eso no cuenta —contradijo el ateo—. La creación podría ser el producto de la evolución.

—Bueno, entonces, si lo que usted quiere decir es que si yo he visto a Dios en forma física, yo tendría que decir no, no he visto a Dios.

—Ajá —dijo el ateo—. ¿Alguna vez tocó a Dios?

—Ya veo —replicó la cuáquera— usted insiste en que yo solo puedo conocer a Dios por un sentido de percepción directa. Según ese examen, yo tendré que decir que nunca toqué a Dios.

El ateo se sentía muy orgulloso de sí mismo y espetó indignado:

—Bueno, entonces, ¿alguna vez olió a Dios?

—No —contestó mansamente.

—Por lo tanto, Srta. Cuáquera, tengo que llegar a la conclusión que usted no tiene un Dios.

A lo que ella le contestó:

—Sr. Ateo, ¿le puedo hacer algunas preguntas?

—Desde luego —contestó él con arrogancia.

—Sr. Ateo, ¿alguna vez vio su cerebro?

—Yo veo el producto de mi cerebro cuando pienso —respondió él bruscamente.

—Ahora bien, Sr. Ateo, usted no me daría el privilegio de tener una evidencia por implicación, así que para usted tampoco contaría. Pero, Sr. Ateo, ¿alguna vez tocó su cerebro?

—Eso es ridículo —replicó él—. ¿Cuál es su punto?

—Bueno, Sr. Ateo, sobre las bases de su modelo de cómo saber si algo existe, y ya que usted nunca vio ni tocó su cerebro, yo solo puedo llegar a la conclusión de que usted ¡no tiene cerebro!

Esta simpática historia ilustra que el conocimiento es más complicado que simples percepciones sensoriales. Conocer algo requiere la habilidad de razonar desde el punto A hasta el punto B, para delinear entre la evidencia y la implicación. Podemos sentir que afuera está lloviendo cuando un sentido de mojado corresponde con nuestro sentido del tacto. O tal vez escuchemos el sonido de la lluvia y lleguemos a la conclusión por el sentido del oído y el razonamiento de que es lluvia. Pero para saber si el cerebro o Dios existen se requiere un proceso de razonamiento coherente más allá de los sentidos.

La percepción del sentido y el razonamiento son las dos primeras fuentes para obtener el conocimiento acerca de nuestro mundo. Las fuentes secundarias incluyen la autoridad y la intuición. La mayoría de nosotros sabe lo que sabemos porque alguien en quien confiamos nos dijo: «Esto es así». La autoridad como una fuente de conocimiento organiza nuestro mundo hasta que maduramos y tomamos nuestras decisiones. ¡Entonces nos convertimos en una autoridad para alguien más! La autoridad también puede originarse a partir de un grupo (ejemplo: los creacionistas, evolucionistas, posmodernistas) que determinaron por medio de los sentidos y el razonamiento que el mundo debe interpretarse de cierta manera. Dichos grupos desarrollan las cosmovisiones que proveen diferentes grupos de presuposiciones, dando a sus seguidores un marco para explicar su mundo. Esto ilustra por qué la humanidad puede tener respuestas muy diferentes para las mismas preguntas. Propuestas divergentes que explican «lo que sabemos» dan por resultado puntos de vista que compiten y están en conflicto.

La intuición es «la percepción directa del conocimiento que no es el resultado de un razonamiento consciente o de una percepción del sentido inmediato».[1] La intuición puede alegrarse por algo tan simple como mi conciencia de cosas que sé por los sentidos o el razonamiento. Si escucho la sirena de un policía, yo sé ahora intuitivamente lo que aprendí por otros medios. Algunos se refieren a la intuición para explicar cómo nuestro cúmulo de conocimientos y experiencia pueden converger inconscientemente y causar que nos venga un pensamiento o perspectiva. Esto explica las percepciones «inesperadas» que a veces vienen a los científicos, maestros, escritores, poetas, trabajadores de factorías y todo tipo de persona que ha trabajado durante años en cierta cosa. La intuición también explica el conocimiento místico que reclaman muchos tipos de religiones. Es una percepción directa de conocimientos que ni los sentidos ni el razonamiento pueden explicar. Ya que la intuición tiende a tener una naturaleza más subjetiva, es precario permitir que sea nuestra única fuente del conocimiento de algo. Debemos comprobar nuestras intuiciones de acuerdo a las fuentes más objetivas del conocimiento.

Desde luego, sabemos cosas de muchas maneras diferentes. Tal vez usemos nuestros sentidos externos o el proceso del razonamiento, o quizás nos apoyemos en la intuición o en alguna autoridad en quien confiemos para proveernos el conocimiento. Por lo general, ninguna fuente es adecuada en y por sí misma. El conocimiento que estas fuentes brindan en conjunto nos da un fundamento en nuestra búsqueda para comprender nuestro mundo. Sin embargo, los procesos más objetivos no siempre parecen aclarar las preguntas más problemáticas acerca de la vida. Por ejemplo, una persona joven viene y te dice: «¿Sabes que Eneida y yo hemos estado saliendo durante algún tiempo y que realmente nos gustamos? ¿Tú crees que estemos enamorados? ¿Cómo puedo saber si ella es la indicada? ¿Cómo puedo saber si esto es amor y no solo amistad?» O quizás tú estés luchando para escoger entre varias opciones de trabajo o iglesias a las cuales asistir. Todas las opciones parecen ser aceptables, pero tú quieres estar seguro. Tú quieres saber si una más que otra es *la voluntad de Dios*. ¿Cómo decides entre las que parecen ser opciones iguales? Mi experiencia es que la mayoría de la gente lucha por descubrir una respuesta confiable para estas clases de asuntos. No obstante, yo espero demostrar que tú debes ser capaz de pensar mediante los escenarios que presenta la vida, y yo espero brindar un análisis objetivo que te guiará a tener respuestas apropiadas y que honren a Dios. Pero primero vamos a ver cómo la Biblia presenta el problema del conocimiento.

CONOCE LA BIBLIA PARA CONOCER EL MUNDO

Necesitamos repasar la historia bíblica acerca del problema de conocer para explicar el estado de nuestro mundo.

Creado a la imagen de Dios

Antes de enfocarnos en el problema de conocer la voluntad de Dios después del pecado de Adán en el Edén, vamos a considerar el diseño original de Dios para la humanidad. Aunque Génesis 1–3 es breve, encontramos algunas implicaciones significativas acerca de las intenciones de Dios para Adán y la raza humana. Los humanos llegan al escenario en el sexto día cuando Dios dijo: «Hagamos al ser humano a nuestra imagen y semejanza. Que tenga dominio sobre [la tierra]» (Génesis 1:26). Los humanos son los que más se asemejan a Dios, más que cualquier otra categoría de la creación. Fuimos diseñados a la imagen de Dios de manera tal que especialmente reflejamos y representamos al Creador en su creación. Fuimos particularmente creados para la gloria de Dios (Isaías 43:7; Romanos 11:36), y la meta principal de los hombres y las mujeres es glorificar a Dios (1 Corintios 10:31).

Los teólogos discuten una variedad de asuntos acerca de qué significa ser creado a la imagen de Dios. Nosotros somos particularmente únicos en nuestra capacidad para la auto reflexión crítica y la responsabilidad moral. De seguro los animales tienen algún nivel de capacidad de pensamiento y sentimiento. Tú sabes esto si tienes algún animal en la casa. Pero mis perros nunca me han demostrado las habilidades de un pensamiento crítico para irse por su cuenta y obtener su comida, a pesar de que hacerlo requeriría poca reflexión. La habilidad de pensar críticamente y hacerlo bien son por excelencia reflejos de nuestro creador. Las personas que llegamos a ser y cómo operamos en nuestro mundo proporcionará ya sea un buen reflejo o un mal reflejo de nuestro Padre en los cielos.

Pero, ¿cómo Dios diseñó la medida para saber si somos un reflejo bueno o malo de él? Considera lo poco que sabemos acerca de Adán en el Edén original. El resumen más completo de Génesis 2:15-25 ofrece algunos indicios. Dios le dio a Adán algunas instrucciones sencillas. Él mandó que su criatura labrara el jardín y se alimentara a su propia discreción, mientras que el árbol del conocimiento del bien y del mal estaba prohibido. Estas instrucciones constituían la voluntad de Dios para Adán. Ellos crearon un contexto en el que Adán podría tomar decisiones y expresarse dentro de los parámetros que Dios estableció. Adán recibió información adecuada de manera que podía hacer buenos juicios. Él era responsable de actuar sin que lo supervisaran minuciosamente. Aunque

Adán estaba originalmente sin pecado, necesitó tiempo para el desarrollo moral. Su desarrollo moral progresó igual que el nuestro. Él debía obedecer las instrucciones de Dios y razonar en base a estas para tomar sus decisiones diarias.

La relación entre Dios y Adán es muy parecida a los vínculos creados entre la madre y la hija o el padre y el hijo. Los padres les proveen a sus hijos los parámetros que constituyen normas aceptables en su unidad de familia. A menudo estas son intencionalmente amplias porque un padre quiere que su hijo aprenda a pensar: «¿Qué le agradará a mi madre y a mi padre?» Los hijos necesitan cercas y espacio para desarrollarse. Dios, el Padre, estableció el modelo original proveyéndole ambas a Adán. Que los hijos sigan la voluntad de sus padres involucra dos niveles. Deben (1) ejercitar la obediencia ciega para las normas que no son negociables y (2) aprender cómo anticipar los deseos de los padres, razonando a base de lo que ellos ya saben y aplicando eso a la decisión que están por tomar. Este segundo aspecto emociona a los padres. No hay un gozo mayor para los padres que los hijos, por su propio razonamiento y voluntad, reflejen las expectativas de los padres. Dios diseñó que Adán y toda la humanidad lo glorificaran de una manera similar. Él quiere que nosotros respondamos a sus instrucciones, para tomar decisiones sin que nos supervisen minuciosamente y para hacer progresos que nos ayuden a llegar a ser semejantes a nuestro Padre. El modelo es como de padres e hijos, no de empleado a empleado.

Génesis nos da más información indirecta acerca de lo que Dios esperaba de Adán. En el contexto de Génesis 2:18-25, parece que Dios usó la tarea de Adán de poner nombres a los animales para que éste llegara a reconocer que la vida es dos por dos, no uno por uno. Después de usar su tremendo razonamiento intuitivo para caracterizar los animales por nombres, quizás Adán notó que todos los seres creados tenían un señor y una señora excepto él. Ya Dios sabía esto (2:18), pero preparó el ambiente en el que Adán llegó a esta conclusión por sí mismo. Se cultivó en Adán la habilidad del razonamiento inductivo.

¿Cuánto tiempo duró el paraíso del Edén? Nadie lo sabe. Yo creo que fue bastante poco. Por lo menos fue lo suficientemente largo para que Adán y Eva tuvieran algunas conversaciones acerca del árbol del conocimiento del bien y del mal. De otra manera, ¿cómo Eva iba a agregar la condición «no debes tocar ese árbol» (3:3) a la declaración de Dios «No coman de ese árbol»? Parece que ellos tomaron el contexto del árbol en el jardín a otro nivel.

Después de dos capítulos en Génesis, se terminó el paraíso. El resto de la Biblia describe las consecuencias del pecado de Adán. Ahora vemos que la caída trajo distorsión a nuestra habilidad de conocer a Dios e incluso a nosotros mismos. La habilidad de glorificar a Dios mediante nuestra obediencia a su verdad revelada se agravó con nuestra participación en la caída de la humanidad del paraíso. Sin embargo, no todo está perdido. Aunque la caída trajo distorsión al hecho de que fuimos creados a la imagen de Dios, está claro que seguimos siendo portadores de su imagen (ver Génesis 9:6; Santiago 3:9). Aunque ahora es más difícil para nosotros obedecer (Romanos 7), no es imposible. De hecho, Dios demanda nuestra obediencia. Romanos 12:1-2 nos recuerda nuestra responsabilidad de ser transformados mediante la renovación de nuestras mentes. Esto sencillamente quiere decir que ahora debemos pensar qué significa conformarse a las expectativas de Dios en un mundo poco amistoso. Por lo tanto, debemos hacer la voluntad de Dios a medida que entendemos cómo se aplica la verdad bíblica a nuestras vidas cotidianas. De hecho, nuestro desarrollo moral es un tema bíblico de esperanza, para que cuando veamos a Jesús, seamos como él (Romanos 8:29; 1 Corintios 15:49; 1 Juan 3:2). Nuestra semejanza a Jesús es una semejanza moral que es el producto de la obediencia a las enseñanzas de Dios. Esto es lo que significa hacer la voluntad de Dios.

Cómo Dios lidia con Adán se refleja en su trato con las

personas en la Biblia. Estudiar la naturaleza de esta relación establece el escenario donde Dios opera con nosotros. Ahora necesitamos volver a un repaso más exhaustivo de cómo las consecuencias del pecado de Adán afectan nuestra habilidad para conocer a Dios y su voluntad.

Pérdida del paraíso ... Vivir con las consecuencias

Tal vez te preguntes por qué Dios puso ese árbol en el jardín, especialmente si él sabía lo que pasaría con su creación de los humanos. No es una coincidencia que este fuera el árbol del *conocimiento* del bien y del mal (Génesis 2:15-17). El atractivo de este árbol era saber tanto como Dios sabe. La serpiente trabajó bien su ventaja, tentando a Adán y a Eva «a ser como Dios, conocedores del bien y del mal» (Génesis 3:5). Hasta este momento, Adán y Eva todavía no habían desobedecido a Dios. A pesar de su posición privilegiada, sucumbieron ante la ilusión de que podrían superar el diseño de Dios para obtener conocimientos. Génesis nos enseña que después de la rebelión de Adán, él y sus descendientes comenzaron una nueva lucha para conocer a Dios y su voluntad.

¿Qué tiene que decir la Biblia acerca del problema del conocimiento? Seguido del error de Adán, la Biblia presenta una historia acerca de la búsqueda para conocer a Dios y su voluntad para la creación. El informe de esta historia en la Biblia está enmarcado en cuatro movimientos mayores: creación, caída, redención y consumación. Piensa en cómo estos temas están presentes en la Biblia. Génesis comienza la Biblia con la historia de la creación, y Apocalipsis termina con la historia del fin de los tiempos y la consumación de la historia sobre la tierra. El tema desde Génesis 3 hasta Apocalipsis es darle una oportunidad a la creación para entrar en una relación redentora con el Creador, una necesidad que vino por resultado del pecado de Adán, la caída. Para interpretar la obra de Dios en el mundo se requiere una comprensión de estos cuatro temas dentro de la historia bíblica.

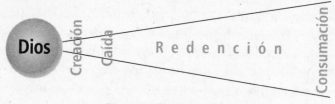

Fig. 1. La historia bíblica

El Antiguo y Nuevo Testamentos también son indepen-dientes al tratar estos temas. Génesis es un libro de co-mienzos. Pero al final del Antiguo Testamento los profetas lamentan que el mundo no responda al mensaje de Dios. Ellos miran al futuro, a una consumación de la historia de la tierra cuando Dios pondrá las cosas en orden. Estos mismos temas se vuelven a trabajar en el Nuevo Testamento. Los Evangelios presentan un nuevo comienzo con Cristo. Juan 1, ve par-ticularmente a Cristo como el Creador que viene a redimir el mundo. Sin embargo, un mundo caído que no responde a Dios, crucifica a Cristo. Los apóstoles recogen los temas y proclaman a su audiencia esta misma comprensión de la voluntad de Dios para el mundo. No obstante, el mundo no escucha. Así que, el libro de Apocalipsis, como los profetas del Antiguo Testamento, presenta la divina intervención como la única esperanza para consumar la historia de la tierra.

Puedes ver que ya sea que miremos toda la Biblia o el Antiguo y Nuevo Testamentos respectivamente, la línea de la historia es la misma. Dios creó el mundo para conocer y tener compañerismo con él. Adán y Eva fracasaron en la prueba que determinó nuestro destino. Dios, en su gracia, comenzó a ir tras su creación para devolver a los que respondan a la relación que él quería originalmente. Esta búsqueda todavía no se ha logrado con un completo éxito, pero Dios continúa tras su creación hasta el día que tiene designado para consu-mar su plan. El libro de Apocalipsis refleja el resultado final cuando la humanidad creyente una vez más disfrute estar en la presencia de Dios en la Nueva Jerusalén y, curiosamente, con su río y su árbol de la vida (Apocalipsis 21–22).

Entretejido en esta historia, de la historia de la tierra, está la búsqueda de los redimidos para conocer a Dios. Sin embargo, las consecuencias de la caída impiden esta búsqueda. Los sucesos en el Edén provocaron un cortocircuito en nuestra habilidad para conocer a Dios de modo inmediato y exacto. Debido a que discernir la voluntad de Dios requiere que atendamos cómo saber lo que sabemos, necesitamos entender cómo el pecado de Adán afecta nuestra habilidad para conocer a Dios. Romanos 12:1-2 afirma que necesitamos una «mente transformada» para seguir la voluntad de Dios. Esta necesidad confirma que tenemos un problema.

EN LA CAÍDA DE ADÁN, TODOS PECAMOS

En Génesis, la historia bíblica de la caída es la razón de varias consecuencias que el pecado de Adán impuso a la raza humana. En la historia bíblica, la muerte física y espiritual se atribuye a la caída (Romanos 5:12-14). La exclusión de Adán del Jardín del Edén presenta la imagen de la exclusión de la humanidad de la presencia de Dios como una manera normal de operar. Después de la caída los hombres y las mujeres se representan como inclinados al mal. Nosotros poseemos una naturaleza humana depravada y nuestra habilidad para razonar acerca de Dios se ha oscurecido. Nuestra conciencia no es capaz de hacer juicios verdaderos, o está fácilmente distorsionada porque el sistema de valores al cual responde se corrompió. La Biblia enseña que debido a que todos pecamos, todos participamos en una comprensión de Dios distorsionada. Este es nuestro dilema. Esto es lo que debemos superar para tomar buenas decisiones acerca de la voluntad de Dios. Comentaremos la solución a este problema, pero primero debemos convencernos de que tenemos un problema y que este impacta nuestra búsqueda para conocer la voluntad de Dios.

El testimonio bíblico confirma nuestro dilema. El resumen en Génesis 6:5-6 capta la difícil situación de la humanidad en una temprana etapa: «Al ver el Señor que la maldad del ser humano en la tierra era muy grande, y que todos sus pensamientos tendían siempre hacia el mal, se arrepintió de haber hecho al ser humano en la tierra, y le dolió en el corazón» (cf. 8:21). Por favor, nota en este texto cómo el término *corazón* es un sinónimo de *mente*. Esto es así en toda la Biblia. Cientos de años más tarde el rey David reflexionó en su propia conducta pecaminosa y luego dijo: «Yo sé que soy malo de nacimiento; pecador me concibió mi madre» (Salmo 51:5). David atribuyó su problema moral al hecho de que él participó en el resultado del pecado de Adán y por lo tanto escogió caminos contrarios a la voluntad de Dios. Esto también se cumple en ti y en mí. Si observamos a los niños «inocentes» vemos cómo desde que nacemos tenemos la tendencia a hacer el mal. Quizás tú tengas un hermano o hermana más joven. ¿Alguna vez le dijiste «¡No hagas eso!» y de todas formas ellos lo hicieron? ¿Por qué empleamos la mayor parte de nuestro tiempo criando hijos para que hagan lo bueno en lugar de lo malo, para que tengan buen juicio en lugar de juicios descuidados o malos? ¿Alguna vez viste un libro sobre cómo criar malos hijos? Los mismos patrones de la vida confirman que en el centro de nuestras vidas estamos propensos a ir por nuestro propio camino. Lo que es cierto para los niños también es cierto para los adultos. Los adultos son simplemente más sofisticados.

Al final del período del Antiguo Testamento, los profetas examinaron la conducta de Israel y la declararon contraria a la voluntad de Dios. Los profetas eran «policías del pacto». Ellos examinaban la voluntad de Dios revelada en las estipulaciones de la ley y las implicaciones de esta para la vida diaria y declararon que Israel era un fracaso completo. Isaías declaró: «Todos somos como gente impura; todos nuestros actos de justicia son como trapos de inmundicia (64:6). Jeremías se unió al coro con «Nada hay tan engañoso como el corazón. No tiene remedio. ¿Quién puede comprenderlo?»

(17:9; ver también 7:24). En Oseas, Dios relacionó el problema del Edén, diciendo: «Son como Adán: han quebrantado el pacto, ¡me han traicionado!» (6:7).

El Nuevo Testamento realza el tema de las consecuencias de la caída. Romanos 1–3 sella el ataúd humano con una serie de citas del Antiguo Testamento culminando en «pues todos han pecado y están privados de la gloria de Dios» (3:23). Efesios declara que todos «A causa de la ignorancia que los domina y por la dureza de su corazón, éstos tienen oscurecido el entendimiento y están alejados de la vida que proviene de Dios» (4:18). Pablo se dirige al estado de los gentiles y, por lo tanto, a la vida de un creyente antes de conocer a Cristo. Sin embargo, en la vida de los *creyentes* no hay menos efecto del pecado cuando estos se niegan a escuchar las enseñanzas de Dios. Respecto al rechazo de la verdad revelada Pablo le dejó claro a los corintios cuando los llamó inmaduros y carnales en su manera de pensar (1 Corintios 1–3; 14:37-38). Pasar de la oscuridad al pensamiento ilustrado requiere una transformación consciente y enfocada en la manera de pensar acerca de nuestro mundo y de nosotros mismos (Romanos 12:1-2).

Las Escrituras destacan los resultados de este problema como un asunto de lo *que* sabemos y *cómo* lo sabemos. Es decir, el problema del pecado afecta nuestra habilidad para conocer a Dios y su voluntad y, por lo tanto, fuera de nosotros mismos tendremos que buscar otra solución para obtener el conocimiento. Deuteronomio 29:29 declara que «Lo secreto le pertenece al Señor nuestro Dios, pero lo revelado nos pertenece a nosotros y a nuestros hijos para siempre, para que obedezcamos todas las palabras de esta ley». El conocimiento ahora está condicionado sobre la base de si Dios escoge revelarlo. En el Antiguo Testamento se les dieron instrucciones adecuadas (la ley) a los hijos de Dios acerca de la manera de vivir, y basados en esto ellos procedieron a ordenar sus vidas. Proverbios continúa esto al decir: «Sin profecía el pueblo se desenfrena; mas el que guarda la ley es bienaventurado» (29:18, RVR). Eclesiastés comenta el hecho que el hombre «no sabe lo que está por suceder» y por lo tanto nosotros debemos seguir las estipulaciones ordenadas para movernos a través de la vida de una manera que agrade a Dios (Eclesiastés 8:7). En 1 Corintios 13:12, Pablo reflexiona sobre el problema del conocimiento: «Ahora conozco de manera imperfecta, pero entonces conoceré tal y como soy conocido». Pablo ve que nuestra habilidad para conocer está limitada hasta la consumación de los siglos.

En cuanto al conocimiento de la voluntad de Dios, el impacto del pecado de Adán ha distorsionado nuestra habilidad de conocer la mente de Dios de inmediato y con precisión. Nosotros perdimos nuestra capacidad de conocer a Dios correctamente por nuestra cuenta porque nuestro proceso de razonamiento se contaminó (cf. 1 Corintios 2:6-16). La tierra produce cardos, la humanidad distorsiona al Creador. La salvación sola no supera este problema de la distorsión (cf. 1 Corintios 1–3), porque como nos recuerda 1 Corintios 13:12, solo veremos con claridad al final de la consumación. (Ver la figura 2.) Cuando tú tratas de ver a Dios, tienes que mirar a través de las capas de la distorsión que trajo la caída. Es más, tu propia capacidad para pensar está contaminada. ¿Habrá alguna esperanza?

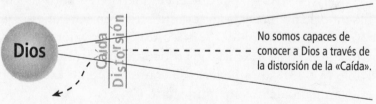

Fig. 2. El dilema de conocer a Dios

LA SOLUCIÓN A LA DISTORSIÓN

Primera a los Corintios 2:6-16 explica la provisión de Dios para solucionar el problema del conocimiento.[2]

La primera carta a los corintios no es amistosa. Un grupo

influyente en la iglesia de Corinto desafió la representación que hizo Pablo del mensaje del evangelio. Pablo les escribió para explicar el origen y la autoridad del mensaje que él proclamó. Los capítulos 1-4 explican este problema en particular, y 2:6-16 explica por qué el mensaje de la cruz es válido. Pablo informa a los corintios que el mensaje que proclamaba no era una idea brillante de él, sino la verdad divinamente revelada. Esta verdad es tan especial que solo se puede saber al aceptarla como la verdad revelada (ver 2:6-16; 14:37-38). Veamos 1 Corintios 2:6-16 en su contexto y la manera en que Pablo explicó cómo él supo que este mensaje era de Dios y no su propia invención.

Pablo confrontó a una comunidad que resistía su exposición del evangelio, una comunidad consumida por la división y rivalidad. En los capítulos 1–4, él presentó una apología de su ministerio y su mensaje. Él argumentó que su ministerio no era para auto promoverse sino que estaba enfocado en Cristo (1:10-17). El mensaje de la cruz que Pablo predicó se basaba en la sabiduría de Dios, no de Pablo. Este mensaje tenía un lado cortante que algunos corintios deseaban evitar (1:18-25). La conversión inicial de los corintios demostró el poder del mensaje de Pablo (1:26-31), entonces, ¿por qué el cambio? El enfoque de Pablo modeló un mensaje que era suficiente en sí mismo sin la manipulación del orador (2:1-5). Aunque los valores tontos y partidarios de los corintios dificultaban el ministerio de Pablo (3:1-23), su ministerio se confirmó como válido por el testimonio del mismo ministerio (4:1-21).

En medio de la corriente de los capítulos 1–4, la porción de 2:6-16 provee la epistemología de Pablo (¡cómo él sabe lo que sabe!) por el mensaje de la cruz. Detente aquí y lee este pasaje en tu propia Biblia. Por favor, nota que el contenido de este pasaje refleja la historia bíblica que hemos descrito previamente, ensayando el dilema de una raza caída que no conoce a Dios ni su voluntad. El versículo 9 es el crescendo de 1 Corintios 2:6-9:

«Ningún ojo ha visto,
   ningún oído ha escuchado,
ninguna mente humana ha concebido
   lo que Dios ha preparado para quienes lo aman».

Estos versículos no tienen nada que ver con la promesa del
cielo, como se aplica con frecuencia, en su lugar establece el
hecho que el mundo no puede saber la voluntad de Dios sin
ayuda (la oración termina con 2:10). El fallo de los sentidos y
el razonamiento sin ayuda para conocer la voluntad de Dios
para la salvación deja a la humanidad en un dilema serio.
Esta sabiduría del mensaje de Pablo no se originó en la sabiduría humana sino en la de Dios. Esta sabiduría se describió
como «escondida» (2:7) y la exclusiva propiedad de Dios. El
versículo 9 declara con claridad que el sentido de percepción
del «ojo» y el «oído» no puede proveer el mensaje. Ni tampoco
la razón puede originar la voluntad divina: «ninguna mente
humana ha concebido». Si nos detuviéramos en el 2:9, esta-
ríamos para siempre en la oscuridad con relación a quién es
Dios y qué él requiere de nosotros. No podemos saber estas
cosas sin la intervención directa de Dios para darnos conocimiento de él mismo y de sus caminos.

A pesar de nuestro dilema, 1 Corintios 2:10 destaca la
solución de Dios para el problema del conocimiento: «Dios
nos ha revelado [a los apóstoles y por medio de ellos al resto
de nosotros] esto [el mensaje] por medio de su Espíritu». El
término clave aquí es *revelado*. Cuando la raza humana no
era capaz de conocer a Dios, el mismo Dios venció ese dilema por revelación directa. La figura 2 que describe nuestro
dilema, ahora necesita una perspectiva adicional: Dios revela
su voluntad y a sí mismo en la Biblia (ver la figura 3). La revelación divina es la única manera de pasar por encima de la
distorsión que el pecado impuso sobre el mundo. En 2:10-13,
Pablo habla acerca de cómo la mente de Dios se comunicaba
con la humanidad. Esta sección es la explicación más deta-
llada del proceso de la revelación en la Biblia. Sin embargo,

todavía es difícil comprender este proceso. Pablo declara el hecho del proceso por analogías, pero él no lo explica. Dicho proceso no se puede poner en un tubo de ensayo científico. Podemos aceptar la afirmación de Pablo y entenderla, pero nunca comprenderemos este proceso que el Espíritu implementó. De hecho, esto es exactamente lo que declara 1 Corintios 2:14-16.

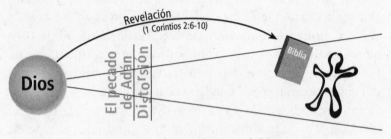

Fig. 3. La solución de Dios al dilema

El producto de la revelación que Pablo declara en 1 Corintios es la Biblia. Aunque la Biblia provee un informe exacto de la mente de Dios, nosotros como lectores todavía tenemos el problema de nuestra propia distorsión mental. La Biblia está sujeta a la interpretación imperfecta, porque la interpretación es una tarea humana. Por consiguiente, la solución que Dios brindó es solo parcial. Dios no escogió superar la distorsión mental que todos poseemos. Por esto necesitamos la exhortación de Romanos 12:1-2, para ser transformados por la renovación de nuestras mentes.

Por lo tanto, la solución al problema de conocer es que Dios supere nuestra falta de conocimiento de su mente mediante la revelación. Sin embargo, ¿cómo Dios revela? ¿Cuándo revela Dios? ¿A quién revela Dios? ¿Es el acto de revelar una propiedad común de todos los creyentes o algo reservado solo para personas especialmente llamadas? ¿Es normativo un acto de revelación para que Dios guíe a sus hijos? ¿Cómo la Biblia representa los hechos de revelación de Dios respecto a la dirección de los creyentes en las decisiones de la vida?

Comentaremos estos asuntos a medida que desarrollemos los capítulos siguientes. Por ahora, es importante notar que el problema de conocer a Dios y su voluntad requiere que Dios nos lo comunique. Nosotros no somos suficientes para conocer la mente de Dios por nosotros mismos y sin ayuda. A medida que continuemos nuestro estudio, desarrollaremos la propuesta de que la Biblia es la comunicación suficiente de Dios para que conozcamos su voluntad, si solo aprendemos a leer y aplicar sus verdades adecuadamente. También veremos que los hechos reveladores de Dios son especiales y no son procedimientos normales. Los hechos de Dios grabados en la revelación nos proveen la información que necesitamos para ser capaz de tomar las decisiones de la vida. Al igual que con Adán, Dios define nuestros límites y espera que nosotros nos ocupemos del jardín dentro de los límites de sus directrices.

LA BÚSQUEDA PARA CONOCER A DIOS Y SU VOLUNTAD

El deseo de conocer a Dios tiene obstáculos, tanto externos como internos. El pecado de Adán afectó el mundo en que vivimos y las mentes que usamos para interpretar nuestro mundo. Aquellos que tienen su fe en el Dios de la Biblia todavía luchan por conocer a Dios en cuanto a sus deseos acerca de cómo ellos deben vivir en la tierra. Esa búsqueda ha ocupado la atención de los creyentes a través de los siglos. Nuestro conocimiento de Dios y su voluntad depende de su elección para revelarse a sí mismo y revelar sus deseos. Dependemos por completo de esa auto revelación para tener un conocimiento exacto en cuanto a nuestro Creador y su voluntad. Un breve repaso de cómo la Biblia documenta esta búsqueda de los creyentes para conocer a Dios y cómo Dios ha respondido, descubre un patrón del método de Dios para revelarse a sí mismo.

El término *conocimiento* aparece por primera vez en la

Biblia en Génesis 2:9: «el árbol del conocimiento del bien y del mal». Este árbol es el símbolo central del Jardín del Edén. Este establecía la diferencia entre Dios y la humanidad, entre escoger una vida de obediencia a la voluntad de Dios revelada y escoger la desobediencia y la muerte. Dios vio la violación que hizo Adán del árbol como la muerte (2:17). La serpiente lo presentó como la puerta para llegar a ser como Dios en la esfera del conocimiento (3:5). Eva interpretó esto como «deseable para adquirir sabiduría» (3:6). Cualquiera que fuera la razón, Adán y Eva no estaban satisfechos con la provisión del conocimiento que Dios les dio. Ellos querían lanzarse por su cuenta y convertirse en personas independientes, capaces de obtener el conocimiento por sí mismos. Su elección también los llevó a una nueva esfera de independencia moral de Dios al quebrantar su mandamiento. Rechazar el camino de Dios del conocimiento era un acto de abierta rebelión. Las consecuencias de sus acciones incluyeron el destierro del Jardín, el lugar que simbolizaba la presencia de Dios y su abierta comunicación con su creación. Este ambiente ahora se reemplaza con dolor y solo una palabra ocasional de parte de Dios.

Génesis 4–11 cubre cientos de años de la historia terrestre, con Noé como un punto sobresaliente en medio de la oscuridad moral. Durante un largo tiempo la comunicación de Dios con su creación parece escasa. Entonces aparece Abraham y Génesis 12–50 recuenta la historia del trato de Dios para Abraham y su simiente. Este periodo cubre una historia de casi 350 años. Abraham vivió aproximadamente desde el 2000-1825 a.C. y José murió alrededor del año 1640 a.C. Hasta donde nosotros sabemos en ese tiempo no existía ningún escrito de la Biblia. La comunicación de Dios a su pueblo ocurrió en sucesos ocasionales que en la Biblia se representan como «el Señor dijo...» El conocimiento de Dios se daba a individuos selectos, como Abraham, y ellos a su vez lo daban a otros. La tradición oral de estas comunicaciones de Dios era la fuente del conocimiento en esos tiempos.

Lo que nosotros conocemos como la Biblia, particularmente las Escrituras judías, comenzó su historia escrita con Moisés, alrededor de 1450 a.C. de acuerdo a un método prominente para asignar fechas. Es posible que Job sea una excepción temprana de esto. El conocimiento que tenía Moisés acerca de Dios tenía dos aspectos. Él recibió la tradición oral que existía desde el Edén, y recibió una comunicación directa de Dios. La narrativa histórica de sus escritos probablemente utilizó las tradiciones existentes bajo la sombrilla divina de la preservación inspirada. Sin embargo, los códigos de la ley fueron específicamente una parte de la revelación divina directa (ver Éxodo 19 y 34). Esto se cumplió en los códigos centrales de la ley y en muchas otras regulaciones. «El Señor le dijo a Moisés…» es una introducción común en secciones en Éxodo y Levítico. Deuteronomio es un título que significa «segunda ley» se escogió para simbolizar el repaso de Moisés de la ley a Israel en el desierto. Ya Moisés había recibido y enseñado este material. A medida que repetía esta enseñanza original, parece que Moisés expandía la aplicación de sus valores a nuevas situaciones de la vida real. Aunque nosotros no podemos hacer esto de una manera inspirada como lo hizo Moisés, el principio de aplicar la verdad bíblica a las situaciones de la vida todavía es nuestra responsabilidad.

El Pentateuco, los primeros cinco libros de la Biblia, provee los fundamentos teológicos del resto del Antiguo Testamento e incluso del Nuevo Testamento. Es interesante observar cómo los escritos que siguen a los escritos de Moisés reflejaron y se desarrollaron sobre lo que él ofreció. De vez en cuando Dios continúa dando una revelación directa, pero el Pentateuco brindó el centro, y relacionarse con este era la responsabilidad de las generaciones futuras.

El salmista meditó en la ley con relación a la vida (Salmos 1, 119), el escritor de Proverbios usó la ley como una base para el desarrollo de la sabiduría (Proverbios 3:1-6; 28:7), y los profetas eran los policías del pacto, llamando a Israel a volver a la obediencia de la las antiguas leyes que Dios les había dado

(Isaías 8:16, 20; 51:7; Jeremías 26:4-6; Daniel 6:5). Cuando reconocemos que la ley refleja una relación entre Dios e Israel y que no son solo reglas y regulaciones como tales, la ley llega a ser mucho más poderosa para guiar la vida, como los escritores bíblicos ilustraron tan hábilmente.

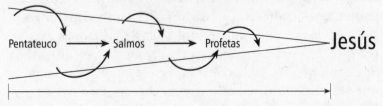

Fig. 4. El progreso de la revelación.
La revelación se enfoca más, a medida que pasa el tiempo.

El patrón de cada generación sucesiva de creyentes viviendo a partir del «depósito» recibido de la revelación pasada de Dios es un tema principal en las Escrituras (ver la figura 4). Las ideas básicas dadas en la información central de la revelación se enfocan cada vez más a través de los tiempos. Los escritores del Antiguo Testamento tales como los salmistas y los profetas ilustraron este patrón, como ya lo hemos notado. El patrón continúa con Jesús y los apóstoles. La encarnación de Jesús y el ministerio terrestre completó la primera fase de las promesas mesiánicas del Antiguo Testamento. Durante su existencia terrenal, Jesús ordenó su vida de acuerdo a los pasajes relevantes del Antiguo Testamento. Satanás, durante la tentación en el desierto, puso en duda la persona y misión de Jesús. Jesús apeló exclusivamente al libro de Deuteronomio para combatir los ataques de Satanás (Mateo 4:1-11). Jesús, como el único Hijo de Dios, fue capaz de traer la Palabra de Dios a la existencia al hablarlo. Sin embargo, él escogió vivir su vida basándose en la enseñanza del Antiguo Testamento. Jesús mandó a sus apóstoles a continuar este patrón diciendo: «enseñándoles a obedecer todo lo que les he mandado ustedes» (Mateo 28:20).

En su segunda carta a Timoteo, Pablo captó la continuación de este patrón de pasar la verdad revelada como la norma para vivir: «Lo que me has oído decir en presencia de muchos testigos, encomiéndalo a creyentes dignos de confianza, que a su vez estén capacitados para enseñar a otros» (2 Timoteo 2:2). Los apóstoles y sus seguidores normalmente enseñaron pasando el «depósito» de la verdad que Dios reveló por medios especiales a la comunidad de creyentes (Lucas 1:1-4; 1 Corintios 15:1-5; 2 Pedro 1:12-21; 3:15-16). Cada generación sucesiva de creyentes es responsable de vivir del depósito revelado de las generaciones previas. Los hechos de Dios de revelación especial varían con cada generación, pero este patrón nunca varía en el testimonio bíblico. Cada generación sucesiva de creyentes saca su conocimiento de Dios y su voluntad principalmente del registro de las revelaciones especiales de Dios.

Conclusión

En este capítulo hemos explorado el problema del «conocimiento» y cómo el Dios de la Biblia lo ha tratado para sus seguidores. Me alegro que Dios nos diseñara con sentido de percepción, la habilidad de razonar, la intuición y autoridad. Estas maneras del conocimiento dan vida a nuestro mundo. Sin embargo, necesitamos ayuda para conocer la mente de Dios. En la historia bíblica, la desobediencia de Adán y Eva en el Jardín del Edén sumergió a la raza humana en un dilema. Los herederos del pecado de Adán no conocen naturalmente a Dios o sus caminos. Pablo nos recuerda en 1 Corintios 2:6-16 que ni siquiera las personas más inteligentes y poderosas en la sociedad pueden tener una comprensión exacta de Dios y su voluntad. La única manera de superar nuestra comprensión distorsionada es si Dios realizara hechos reveladores de modo que comunicara una información exacta acerca de él mismo y sus expectativas para la creación. El informe más objetivo de la revelación de Dios es aquel que contiene la Biblia.

Dios trata el asunto de la búsqueda de sus hijos para conocerlo a él y sus caminos colocando su voluntad revelada en una reserva tipo «depósito» para que cada generación sucesiva de creyentes se pueda beneficiar de su auto revelación. Encontrar dirección para la vida en este depósito, la Biblia, es la forma normal en que Dios guía a sus hijos. Visitaremos esta idea en detalles en la segunda parte a medida que repasemos la Biblia y su contexto en cuanto a la «voluntad de Dios».

Cuando entendamos el problema que encaramos para conocer a Dios y su voluntad, podremos comenzar a desarrollar estructuras que nos ayuden a reflexionar en lo que Jesús realmente haría si nos confrontaran con la misma pregunta que enfrentamos. Las respuestas a nuestras preguntas no siempre se encuentran en un versículo en particular de la Biblia, pero a veces se encuentran al entender lo que enseña la Biblia como un todo.[3] El primer paso en este desarrollo es entender cómo pensar dentro del marco de una cosmovisión bíblica y los valores que esta proporciona. En el próximo capítulo aprenderás acerca del pensamiento basado en la cosmovisión.

La necesidad de una mente transformada

■ ¿Recuerdan al señor Spock en *Star Trek*? Su método de pura lógica molestaba a muchos de sus colegas, especialmente el Dr. McCoy, que prefería más sentimientos en los análisis que uno hace de las situaciones. Una de las habilidades de Spock era la transmisión mental vulcania. Cuando Spock colocaba sus dedos en un lugar correcto sobre la cabeza de otra persona y se concentraba, él podía mover información desde la mente de esa persona a la suya. De vez en cuando sería bueno leer la mente de otra persona, ¿verdad? Sería incluso mejor si pudiéramos leer la mente de Dios.

Sin embargo, la mente de Dios está disponible en la Biblia que él nos ha dado (1 Corintios 2:16). Cuando Romanos 12:1-2 llama a que todos los creyentes tengan una «mente transformada», nos está exhortando a aprender a pensar a la manera de Dios. ¿No sería conveniente que Dios hiciera algo semejante a Spock para transformar nuestras mentes? En la conversión, ¡Dios podría programarnos con un software de «vive piadosamente»! O quizás Dios nos podría dar la capacidad de leer su mente si solo nos concentráramos mucho.

Aunque la conversión sí nos cambia, todos sabemos bien que todavía tenemos que luchar mucho para hacer lo correcto. Y en ciertas circunstancias, luchamos para saber qué hacer. En todo esto, ¿dónde está nuestro todopoderoso Dios? ¿Por qué él decidió dejarnos con tales tensiones?

La realidad de la lucha de la vida que experimentamos como cristianos nos enseña que Dios no escogió ningún atajo para nuestro desarrollo moral y personal. Él nos creó para tomar decisiones y de esta forma glorificar a Dios con nuestros pensamientos y acciones. El Jardín del Edén ilustra que Adán y Eva no eran robots morales, programados para hacer solo la voluntad de Dios. Es clara la implicación de que Dios quería que ellos eligieran hacer lo correcto. Él quería que ellos procesaran las decisiones y escogieran el camino correcto. Ellos eran responsables de sus pensamientos y acciones. Todo esto es parte de haber sido creado a la imagen de Dios. Nosotros pensamos, escogemos, autodeterminamos, sentimos y somos seres morales. El diseño de Dios es que tomemos la decisión de buscarlo a él y sus caminos. Por lo tanto, con la sabiduría divina, al igual que le dio instrucciones a Adán en el Edén, también nos dio instrucciones en su Palabra, la Biblia. Nosotros glorificamos a Dios al introducir esa Palabra en las decisiones que tomamos a diario.

USAR LA LÁMPARA PARA ANDAR POR EL CAMINO

Dios podría haber hecho la transmisión mental vulcania. Sin embargo, decidió un camino similar a ese que todos los padres encaran. Él estableció los límites y dentro de esos parámetros creó un ambiente en el que sus hijos deben seguir un proceso para tomar decisiones que reflejen las capacidades creadas. Cuando hacemos esto, Dios se glorifica porque su imagen se refleja en nosotros. Nosotros escogeríamos una ruta más fácil y directa, una sin riesgos y luchas. Pero nuestro Creador que es todo sabiduría tenía un plan más grande, aunque más complicado, para desarrollarnos como seres humanos.

El factor de Romanos 12

Dios nos dio la Biblia para darnos la capacidad de lidiar con el dilema de conocerlo a él y sus caminos. Sin embargo, esta provisión solo brinda una luz para nuestro camino. Tenemos que usar la lámpara y emprender la caminata. La solución de Dios solo nos provee una información. Debemos aprender a aplicarla a nuestras situaciones en la vida, lo cual es el motivo por el que se nos manda a ser «transformados mediante la renovación de su mente». Necesitamos aprender a pensar bíblicamente.

El contexto y las implicaciones de Romanos 12:1-2

El Imperio Romano controlaba al mundo en los tiempos de Pablo. La ciudad de Roma era su centro gubernamental. Pablo era el apóstol para los gentiles, y Roma era una ciudad estratégica para evangelizar y enseñar los caminos de Cristo. La misión cristiana ya había ganado terreno entre los residentes de Roma, pero a Pablo todavía no le había sido posible ir a Roma para enseñar acerca de Cristo. Ya que no podía estar físicamente presente, escribió el Libro a los Romanos para enseñar el mensaje cristiano y animar a los creyentes de Roma (Romanos 1:8-13). Los cristianos siempre estarán agradecidos de las circunstancias que motivaron que existiera el libro a los romanos. Como Pablo no envió su mensaje oralmente, él escribió uno de los libros más completos y teológicamente estructurados del Nuevo Testamento.

Pablo, en Romanos 1–8, pasó progresivamente por los principios más importantes de la fe cristiana. Él trató los temas del pecado, justicia, justificación, salvación, los beneficios y las luchas de la vida del creyente y la obra del Espíritu de Dios al dar pleno cumplimiento al plan de Dios en esta vida y en la vida venidera.

Estos primeros capítulos dejan claro que el cristianismo está arraigado en las estructuras de fe y creencia de Abraham. En Romanos 9–11, Pablo aclara la dificultad que algunos judíos tenían con el llamado de Dios a Pablo para incorporar a los gentiles a un plan de Dios más significativo. Jesús ilustró en Lucas 4:14-30 que cuando la nación judía no respondió a Dios, él levantó a los gentiles para que escucharan y obedecieran. La audiencia de Jesús recibió el mensaje y por causa de esto intentó matarlo por todos los medios (4:28-30).

Luego de establecer los fundamentos teológicos de la fe cristiana en Romanos 1–11, Pablo vuelve a la aplicación del creyente en Romanos 12–16. Todas las epístolas de Pablo están organizadas por los temas duales de teología y ética (la aplicación de la teología). Pablo siempre se pasa de la creencia correcta a la conducta correcta, reconociendo que la conducta es el producto de nuestros patrones de pensamiento.

Romanos 12:1-2 brinda un eje para el desarrollo del libro. Este declara los resultados que se esperan de la verdad de los capítulos 1–11, «por lo tanto», y guía al lector por una elaboración de éticas en los capítulos 12–16. El llamado al compromiso cristiano de Romanos 12:1-2 está basado en la obligación del creyente a responder a la gracia de Dios tal y como se representa en la historia teológica de los capítulos 1–11. El lenguaje que usó Pablo en esta exhortación se tomó de las ceremonias religiosas del Antiguo Testamento. En el Antiguo Testamento se traía un sacrificio al altar para morir de manera que el suplicante pudiera tener vida y acceso a Dios. En Romanos, nosotros somos «sacrificios vivos», ya que Cristo murió por nosotros. Nuestra parte en este proceso es cambiar la manera en que pensamos, basados en la analogía de que morimos a la vieja vida y ahora vivimos para los nuevos valores que vienen con la salvación.

El hecho de que necesitamos una mente transformada confirma el problema que se expone en el capítulo 1 de este libro, y da por sentado que nosotros no podemos conocer las cosas correctamente. Necesitamos ayuda. La declaración de

Pablo también depende de la revelación de Dios acerca de lo que se debe creer. La mente no se renueva en un vacío. El proceso de la renovación depende de la presencia de las verdades reveladas, las cuales procesa la mente para cambiar. Estas verdades son el depósito que encontramos en la Biblia, un libro que se compuso durante los tiempos de Pablo. Cuando Pablo mandó que los romanos se transformaran mediante la renovación de sus mentes, él no nos los dejó en un vacío para decidir qué necesitaban renovar. En el versículo 3 él comenzó de inmediato a enseñarles algunos de los temas de la vida que ellos necesitaban encarar.

Tú mente es importante:
los componentes de una mente transformada

Pablo asevera que se requiere una mente renovada para que el creyente compruebe «cuál es la voluntad de Dios» (Romanos 12:2). Esta declaración coloca sobre el creyente la gran responsabilidad de seguir un proceso de discernimiento. De seguro no promueve un proceso subjetivo como la manera de buscar la voluntad de Dios. Nosotros «aprobamos» lo que es «bueno, agradable y perfecto» al evaluar la vida desde la perspectiva de una mente transformada.

¿Cuáles son los componentes de este proceso? Los dos componentes principales son nuestra propia mente y la voluntad. Debemos desarrollar nuestra habilidad de pensar bíblicamente acerca de nuestras decisiones y luego ejercitar la voluntad para hacerlo. Considere en primer lugar el marco mental.

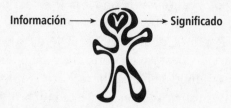

Información ⟶ ♥ ⟶ Significado

Fig. 5. La mente transformada

Los aspectos prácticos mecánicas de cómo la mente interpreta la información son iguales en todos los seres humanos
(ver la figura 5). Cuando la información nos confronta, primero se filtra a través de la mente, donde nosotros la evaluamos
a la luz de la cosmovisión y los valores que controlan nuestros
procesos de pensamiento. Este proceso le asigna significado
a la información de acuerdo a la cosmovisión y los grupos de
valores que tenemos. En la figura 5, la mente se representa
con el símbolo de un corazón, porque la gente en los tiempos
bíblicos veía al pensamiento con relación al corazón (Mateo
5:28; 15:19; Lucas 2:19, 51; Romanos 10:9-10). La *V* dentro de
la mente representa los valores que tenemos. La ilustración
representa la información moviéndose a través de la mente,
la cual le atribuye su significado. Aunque Dios le asignó significado a toda la realidad en la creación, los seres humanos
todavía interpretan su mundo de acuerdo a su propio proceso
de pensamiento. El propósito de una mente transformada es
crecer para interpretar nuestro mundo en conformidad con
el punto de vista de Dios.

Permítame ilustrar cómo funciona este proceso mental.
Tenemos dos personas, la Sra. X y la Sra. Z. La Sra. X es
cristiana y la Sra. Z es atea. A cada una de estas personas
se le presenta la información «pecado». La palabra *pecado*
corre a través del filtro/mente de cada una de estas mujeres.
La Sra. X es una presbiteriana educada y ella le da a *pecado*
el siguiente significado: «una transgresión de la justa ley de
Dios, y contraria a la misma ley, trae culpa al pecador por su
propia naturaleza, y por lo tanto el pecador está entregado
a la ira de Dios y a la maldición de la ley y así hecho sujeto
a la muerte, con todas las miserias espirituales, temporales
y eternas».[1] Por otra parte, la Sra. Z le da un significado
muy diferente. Ella está bien educada y sabe que el *pecado*
es un término religioso, pero ella rechaza la manera en que
los documentos religiosos definen esta palabra. Ella afirma
que el pecado solo significa que una persona quebranta un
código social como lo define un grupo. La Sra. Z no tiene un

concepto absoluto del pecado porque ella rechaza la idea de un Dios eterno a quienes los humanos deben rendirle cuentas. Para la Sra. Y todas las ideas del pecado están construidas socialmente y por lo tanto están sujetas a varias definiciones y aplicaciones. De acuerdo a la Sra. Y, lo que es un pecado para una persona, tal vez no lo sea para otra persona. Después de todo, «cada persona es diferente».

¿Qué causa una diferencia tan radical entre estas dos mujeres? ¿Es la palabra *pecado*? No. «Pecado» es solo un símbolo fonético al cual se le asignó este significado. La diferencia entre la Sra. X y la Sra. Z está en sus mentes. Ellas piensan de manera diferente acerca de estos términos y por lo tanto le asignan significados diferentes. La Sra. X acostumbraba a pensar como la Sra. Z, pero se convirtió en cristiana y adoptó un nuevo punto de vista del pecado.

Los seres humanos le asignan significados a la información basándose en la manera de pensar que tengan acerca de la vida. A esto le llamamos una cosmovisión y grupo de valores.

Vamos a aplicar otra situación a la Sra. X y a la Sra. Z. Imagínate que cada una de estas señoras confrontara una oportunidad atractiva para cometer adulterio. La Sra. X siente la tentación pero se niega a ceder porque esto violaría la clara enseñanza de la Biblia acerca de las relaciones sexuales y también sus valores personales acerca del esposo y la familia que ella quiere. La Sra. Z también experimenta una verdadera atracción para cometer adulterio. Ella también se niega a realizarlo. Sin embargo, ella no se niega por causa de los valores bíblicos. Ella no cree que le atañan. Se niega porque valora a su esposo e hijos y no quebrantará esa confianza. En esta situación, ambas señoras toman la misma decisión por razones similares. No obstante, la Sra. X, también reclama que sus valores se derivan de la Biblia y en última instancia son valores correctos.

La Biblia enseña repetidamente que una persona actúa de la manera en que piensa. Nuestra conducta nunca es un accidente. Somos responsables de nuestras acciones. La clave es comprometerse con el proceso de esta responsabilidad de una manera reflexiva para que así tomemos control de nuestras decisiones en lugar de convertirnos en sus víctimas.

El marco mental de la mente transformada es común para todos los seres humanos. Pablo llamó a los cristianos para que cambiando la manera de pensar también cambiaran la manera en que interpretaban su mundo. Necesitamos pensar como cristianos. Necesitamos ajustar nuestros filtros mentales para que operen desde un punto de vista bíblico y según los valores establecidos. Eso es una mente transformada. Somos responsables de ajustar la manera en que evaluamos la vida y sus asuntos para que podamos tomar decisiones que concuerden con la enseñanza bíblica.

El segundo componente de la mente transformada es la voluntad. Es posible saber lo que es correcto o apropiado e incluso si falta la determinación para hacerlo. El conocimiento no es un fin en sí mismo, es un medio para el fin. Las señoras X y Z podrían haber hecho decisiones diferentes cuando encararon la oportunidad para cometer adulterio, pero ellas escogieron (practicaron su voluntad) para mantener conformidad en la conducta con sus puntos de vista de la vida.

En resumen, la renovación de nuestras mentes de acuerdo a la dirección de los valores bíblicos transforma nuestra conducta porque cambia la manera de pensar acerca de la vida. Educamos nuestro sistema de valores para que se conforme a los valores que presenta la Biblia. Este proceso no solo nos proporciona mandamientos morales claros sino también patrones de pensamiento. Comenzamos a pensar en el bien de una comunidad en lugar de solo adelantar nuestras agendas (Romanos 12:3-13; 14:1–15:13; Filipenses 1:27–2:4). Aprendemos a disciplinar nuestras reacciones ante las personas que pudieran tomar ventaja de nosotros, incluso, hasta procurar el bien de ellos en lugar del nuestro (Romanos 12:14-21). Llegamos a reconocer que tenemos obligaciones mundanas, y debemos reconocer incluso esas estructuras que los no creyentes controlan porque Dios las creó y deben respetarse (Romanos 13:1-7).

Conocer y hacer la voluntad de Dios es un proceso de aprender a evaluar la vida desde la perspectiva de los valores divinos. Esto no es una búsqueda de un texto de prueba aislado para cada decisión o alguna confirmación subjetiva extra-bíblica que nos señale la dirección apropiada. Conocer y hacer la voluntad de Dios requiere que desarrollemos la capacidad para evaluar las decisiones de la vida desde un punto de vista y con un sistema de valores bíblicos. No siempre tendremos un texto de prueba para dirigir nuestras preguntas, pero siempre tendremos un contexto teológico desde el cual definir nuestra manera de actuar. La plena suficiencia de la Biblia para la fe y la práctica viene a la vida cuando entendemos cómo pensar reflexivamente basándonos en la totalidad de las Escrituras.

DESARROLLAR UN SISTEMA DE VALORES Y COSMOVISIÓN CRISTIANOS

¿Qué es una cosmovisión?

Antes de examinar la exhortación de Romanos 12:1-2 para ser transformados por la renovación de nuestras mentes, debemos considerar las estructuras de la cosmovisión y los valores como el lugar donde tomamos las decisiones acerca de los asuntos de la vida.

Una cosmovisión es el marco mental, o sistema conceptual, que da significado a todos los componentes de nuestro mundo y a nosotros. Una cosmovisión es el lente a través del cual vemos nuestro mundo. Se han propuesto muchos lentes diferentes. Una vez que tú determinas cuál lente usar, el mundo completo estará teñido del color de ese lente. Los ateos, evolucionistas, humanistas, politeístas, o los cristianos teístas ven y explican el mundo a través de sus lentes. Un evolucionista mira a la galaxia y ve el «big bang». Un cristiano ve el producto de la mano creativa de Dios. Aunque cada uno tiene razones elaboradas para su creencia acerca de cómo el mundo llegó a ser, ninguno estaba presente cuando ocurrió la creación. Por lo tanto, ninguno puede explicar por completo la realidad sin el marco que ellos escogieron aplicar. Sin embargo, ambos se comprometieron en un juego de presuposiciones que dan significado a la información que evalúan. Estas presuposiciones constituyen un marco mental que se convierte en un grupo de creencias acerca de ellos mismos y su mundo.[2]

Nuestra cosmovisión está en el centro de nuestras opiniones acerca de cada tema de la vida (ver la figura 6).[3] Este filtro juzga la religión, lo que constituye una familia, cómo relacionarse al ambiente, qué clase de educación social debe promoverse. La gente llega a diferentes conclusiones acerca de estos temas porque difieren su cosmovisión y los valores. Hasta los cristianos comprometidos que apelan a la misma Biblia pueden ver algunos asuntos diferentes. La clave para tomar decisiones consiste en identificar las razones de por qué nosotros sostenemos nuestros puntos de vista y explicar por qué tomamos nuestras decisiones.

Decisiones con respecto a:
El control de la natalidad
El aborto
Última voluntad del paciente
Finanzas
Educación de los niños
Mayordomía de la naturaleza
Tomar bebidas alcohólicas en
    el contexto social
Cuidados de ancianos
Demandas legales
Gobierno de la iglesia

Tu respuesta a estas clases de preguntas es un producto de tu cosmovisión (**C**) y sistema de valores.

Fig. 6. Organización de la cosmovisión y grupo de valores.

A través de los lentes de nuestra cosmovisión hacemos juicios acerca de quiénes somos, cómo sabemos lo que sabemos y qué valores guían nuestras vidas. Estos tres asuntos son las categorías filosóficas clásicas de *ontología* (ser), *epistemología* (conocimiento) y *axiología* (hacer/valores). Las decisiones serias de la vida acerca de tales asuntos como el aborto, la eutanasia, instrucciones médicas finales, con quién nos casaremos, cómo tratar las deudas financieras, o qué causas apoyar con nuestro tiempo y dinero, están todas conformadas de acuerdo a nuestro punto de vista de lo que significa ser una persona y cómo entendemos la enseñanza bíblica. En el capítulo 1 consideramos la historia bíblica de la creación, la caída, redención y consumación. Estas categorías son el centro de una cosmovisión bíblica. La historia de la creación según la Biblia nos habla acerca del origen de nuestro mundo y de nosotros mismos. De acuerdo a las páginas de la Biblia entendemos la persona, los roles de las mujeres, hombres, niños; y todas las costumbres de las relaciones sociales. La caída nos da una lógica para nuestros problemas personales y globales. Sabemos que vivimos sobre un globo donde las cosas malas a menudo suceden a personas buenas y piadosas. Es un mundo caído con un ambiente y personas que no buscan servir a los mandatos de su Creador. Pero la redención nos da esperanzas, y la consumación garantiza un último propósito y dirección en nuestro mundo.

Todos nosotros operamos desde una cosmovisión a pesar de nuestro nivel de conciencia acerca de lo que guían nuestras decisiones en la vida. Una cosmovisión cristiana acerca de la vida y la muerte es la razón por la cual muchos en la iglesia están en desacuerdo con el Dr. Kevorkian, que presionó el asunto de la eutanasia durante la década de 1990 al efectuar numerosos suicidios asistidos. Él veía sus acciones como humanas. Él y otros realmente podrían enumerar las razones prácticas de por qué escoger la muerte beneficiaría a la persona y a la familia que sufre al acercarse a un fin inevitable de la vida. Pero muchos, incluyendo a los cristianos, los tribunales y otras religiones, consideran que sus acciones usurpan no solo los eventos naturales de la vida sino también la enseñanza de muchas tradiciones religiosas y las leyes que guían nuestra sociedad. El sistema de cosmovisión que guiaron sus decisiones informó al Dr. Kevorkian, a los cristianos, a otras religiones y a los tribunales.

El 11 de septiembre de 2001 puso en evidencia dos cosmovisiones importantes: el de los americanos amantes de la libertad y el de los terroristas islámicos. Hemos observado que no hay cantidad de razonamiento ni apelación para lo que nosotros vemos como la dignidad humana que pueda alterar la mentalidad de un terrorista y su entrega a sus ideales. No hay posibilidad alguna de conversar, porque estos dos puntos de vista son tan radicalmente opuestos que el diálogo es imposible. Los extremistas islámicos ven la mentalidad americana y su expansión alrededor de un globo que cada vez se hace más pequeño, como una amenaza a su cultura. Lo que es peor, su cultura es su religión. El fanatismo en nombre de la religión es siempre lo más fiero porque este asevera que opera a partir de verdades eternas. Sin embargo, este fanatismo ilustra con claridad que una cosmovisión guía la conducta humana.

¿Qué son los valores?

El término griego para «valor/ser digno» y por lo tanto «de valor» es *axios*. Así que axiología es el estudio filosófico de lo que vemos como de valor o valioso. Como te podrás imaginar, la axiología es un tema vasto que cubre todo lo que trata con la estética (lo que es hermoso) y la ética (valores morales). Nosotros solo veremos la idea de los valores según sirve para ver cómo le damos categoría a las decisiones que hacemos.

A los efectos de un modelo para tomar decisiones, los valores son creencias personales que guían nuestros pensamientos y acciones. Los valores se derivan de nuestra cosmovisión. Por ejemplo, la creencia fundamental de un cristiano es que Dios existe, él se ha comunicado con nosotros y la Biblia es un informe acertado de esa comunicación. Este es el centro de nuestra cosmovisión. Dado este hecho, no nos debe sorprender que la Biblia y sus enseñanzas lleguen a ser el centro de la fuente para el desarrollo de nuestro sistema de valores, controlando todos nuestros valores subsecuentemente establecidos. Sobre las bases de la enseñanza bíblica, valoramos el amor en lugar del odio, la eternidad en lugar de la brevedad de la vida, la honestidad en lugar de la falta de honestidad, la fidelidad en lugar de la infidelidad, las relaciones filiales y sociales en lugar de los intereses privados, la bondad en lugar de la descortesía, fe en lugar de temor, dar en lugar de codiciar, herida personal en lugar de venganza, y la verdad en lugar del error. Colocamos el patrón de la enseñanza bíblica por encima de cada decisión que tomamos y así justificamos nuestros pensamientos y acciones de manera que se ajusten a la verdad que Dios reveló.

Pocos cristianos tienen problema para discernir los mandamientos claros de Dios que están contenidos en la Biblia. Sin embargo, tú estás leyendo este libro porque deseas ayuda para discernir la voluntad de Dios para tu vida cuando no parece haber un mandamiento claro que se aplique a tu situación. Te ves tentado a dudar si la Biblia realmente es suficiente para tu vida. Pero la vida real que tú experimentas ilustra por qué debes aprender a pensar desde una perspectiva con valores bíblicos. La mayoría de nuestras decisiones requieren que pensemos en categorías mayores que la estructura del mandamiento directo de la Biblia. Por ejemplo, ¿dónde debes buscar en la Biblia cuando te enfrentas a una situación de un cónyuge abusivo? Ningún texto de prueba sencillo trata este asunto candente en nuestra cultura actual. Discernir la voluntad de Dios para ayudar a individuos atrapados en un ciclo de violencia requiere que nosotros apliquemos mayores categorías bíblicas a nuestras preguntas. ¿Cuál es el valor de una persona? ¿Por qué una persona debe valorar a otra persona? Si uno verdaderamente valora a otro, ¿cómo esto afecta la manera en que él o ella trata a otra persona? Si la vida de una persona es de valor, ¿qué medidas se deben tomar para protegerse de los daños físicos? La voluntad de Dios se encuentra al contestar bíblicamente las muchas preguntas que acompañan cualquier asunto que tú confrontes. Si te vuelves a una oración como por ejemplo: «Dios muéstrame qué hacer en esta situación», y no te documentas en la Biblia, entonces abrogaste tu responsabilidad ante la voluntad revelada de Dios.

Debemos pensar desde un nivel de cosmovisión y valores bíblicos, con una reflexión madura acerca de Dios, nuestro mundo y nosotros mismos. Sabemos por experiencia que esta manera de pensar es necesaria. Vemos en Romanos 12:1-2 que esto es lo que se espera de nosotros, pero la mayoría de los cristianos considera difícil pensar de esta manera. Lo que la Biblia provee, cuando se usa en toda su extensión, es mucho más grande y mejor de lo que la mayoría de los cristianos han experimentado jamás. La mayoría está encerrada en un escenario pequeño de buscar palabras en la Biblia para confirmar sus acciones en lugar de calificar esas acciones según la categoría mayor de los valores bíblicos. La Biblia se usa mal si la convertimos en una tabla de espiritismo [Ouija] para discernir mágicamente la vida, en lugar de verla como un registro del trato de Dios a su pueblo del cual derivamos la verdad y los valores para vivir. Regresaremos a este asunto crucial, pero por el momento vamos a considerar los varios niveles de valores que debemos entender y desarrollar.

En las decisiones de la vida hay tres niveles de valores constantes: los mandamientos bíblicos claros, los valores de la comunidad y nuestras preferencias personales que reflejan quiénes somos en nuestro llamado y talentos de Dios. Sentarse para una comida en un restaurante que sirve bebidas alcohólicas puede traer los tres niveles de valores en el juego a medida que pedimos nuestra comida. De inmediato estamos procesando lo que sabemos acerca de la enseñanza bíblica con relación al vino. Estamos meditando en lo que nuestra comunidad de adoración piensa acerca de este asunto. Y estamos relacionando nuestras propias preferencias a favor o en contra de los dos niveles anteriores. Nuestra respuesta al camarero puede darse con un sentido de libertad, porque creemos que la Biblia permite el vino como una bebida cuando se usaba en moderación y nuestra comunidad espiritual entiende y permite el ejercicio de esta libertad. O tal vez digamos no al camarero porque valoramos una comunidad con la cual nos asociamos que nos pide suspender tales prácticas. En este caso, suspendemos lo que creemos es correcto para honrar un grupo con el cual queremos asociarnos. Feliz es el cristiano que puede lidiar con tales asuntos sobre las bases del conocimiento en lugar de la manipulación. Cómo respondemos a dicha situación, y más importante, cómo explicamos nuestra respuesta, es lo que hace evidente nuestro conocimiento bíblico y cómo aplicamos nuestros valores en el mundo real.

El *primer nivel* de desarrollo para la mente transformada se relaciona al mandato bíblico. Por ejemplo, «No fornicar ni cometer adulterio» no es para debatir. Es un mandato claro de Dios en ambos testamentos y todos lo entienden de inmediato. Jesús le da a dichos mandatos un significado interno que manifiesta nuestros valores. A menudo los mandamientos sexuales externos protegen a los indefensos en las relaciones sociales y por lo tanto destacan el valor de respetar a la persona. Pero no todos los mandatos bíblicos son tan obvios. Por ejemplo, ¿qué significa «amar a Dios»? Ningún creyente debate este requisito, pero ¿puedes tú explicar qué significa? El significado de «amar a tu prójimo como a ti mismo» es más desafiante. Este maravilloso mandamiento «amar a Dios y a tu prójimo», realmente se desarrolló para abreviar los muchos aspectos de la Ley Mosaica. El amor se convirtió en un valor supremo que guió la comprensión y la aplicación de las estipulaciones legales.

Un *segundo nivel* de valores desarrollados nos relacionan con lo que yo llamo «valores comunitarios». Todos los grupos establecen un sistema de valores que se espera que sus miembros observen. El cristianismo es muy complejo en este aspecto. Los valores de la comunidad de cualquier grupo cristiano por lo general reclaman líneas de continuidad con valores del nivel uno (mandamientos bíblicos). Sin embargo, las razones detrás de dichos valores a menudo son asuntos de debate entre o dentro de las comunidades. La Biblia no provee textos de pruebas para lo que constituye la buena música, pero las comunidades cristianas con frecuencia tienen opiniones acerca de esto y pueden aseverar que su punto de vista promueve mejor los textos que piden la pureza de la mente. Al hacer esto, un valor bíblico claro se toma para aplicarlo a una cuestión debatible. Pero esta es una parte de la naturaleza de los valores, ya que a menudo estos son abstractos en lugar de concretos. Los valores de la comunidad también pueden caminar la segunda milla para asegurar su testimonio ante el mundo local en el que operan. La comunidad sabrá que la Biblia no prohíbe el uso del vino, pero ellos pueden escoger el practicar la abstinencia debido a su concepto de un buen testimonio. Cómo uno comprende los mandatos bíblicos y los convierte en valores a menudo trae conflictos a una comunidad, como sucedió en Corinto durante los tiempos de Pablo (1 Corintios 8–10; ver también Romanos 12–14).

Mientras escribo este material, una universidad de la Iglesia Reformada de América en nuestra área está en las noticias. Su equipo de hockey está anticipando un juego de campeonato nacional. Sin embargo, el juego final está programado para el domingo. La institución practica una norma estricta del «sabbat cristiano» que excluye los juegos de los equipos de deportes el día domingo. Ellos anunciaron que darán este juego por perdido si se programa para un domingo. Para algunos esto parece como un ejemplo muy severo, pero en ciertas comunidades religiosas es real.

Un *tercer nivel* de valores lo constituyen las preferencias personales de cada individuo. Muchas de nuestras preferencias son el producto de toda nuestra vida y no contienen notas morales. ¡Considero que el helado de chocolate es más valioso que el de vainilla! Yo me crié en una finca en el centro del país y todavía me gusta mi carne y mis papas. Yo también he revisado algunos valores de la comida a la luz de la salud y de la edad. Nuestro empeño de tener una mente transformada también puede afectar nuestros valores personales. Yo nunca valoraba la lectura, hablar en público o la educación avanzada hasta que me convertí en un cristiano. He llegado a valorar el tiempo con la gente más de lo que acostumbraba. Creo que estos cambios están de acuerdo con los valores bíblicos.

Los valores, tanto de la comunidad como los personales, están sujetos al control de los valores de mandato directo. A medida que desarrollamos nuestra comprensión de lo que realmente enseña la Biblia, por lo general revisamos los valores de la comunidad y los personales para concordar con esa comprensión. Dicha revisión puede ser más restrictiva o más relajada. A menudo veo iglesias y cristianos individuales que luchan con dichos cambios. A veces las comunidades o individuos pueden convertir en deidad sus valores, o las tradiciones de las cuales muchos de sus valores se derivan, de manera tal que desarrollarse en la comprensión y en los cambios consecuentes se hace muy difícil. Cómo se relaciona una iglesia con el creciente número de «solteros de nuevo» (nota hasta el eufemismo para muerte o divorcio) puede ilustrar cómo los valores han cambiado (o se han enfocado mejor, dependiendo de tu punto de vista) a través de las dos últimas décadas. Las comunidades o personas que no experimentan cambios en cómo ellos evalúan las decisiones de la vida están estancadas desde el punto de vista de la renovación de sus mentes. Crecer en nuestra comprensión de la Biblia y los caminos de Dios nunca termina.

Ponerse en contacto con nuestra cosmovisión y el juego de valores es crucial en nuestra búsqueda para discernir la voluntad de Dios para nuestras vidas. Dios ordenó un proceso de renovación mental como el fundamento para discernir su voluntad (Romanos 12:1-2). Este no es una voluntad mística de Dios que nosotros debemos encontrar para saber qué hacer. Por el contrario, es la idea bíblica de la voluntad de Dios.

Conocer y hacer la voluntad de Dios en la Biblia es conocer y obedecer sus enseñanzas. Esta enseñanza no es solo el claro mandamiento directo, sino también la cosmovisión y grupo de valores derivados de toda la presentación de la Biblia. Dios cumplió su parte del proceso al darnos su Palabra. Debemos asimilar esa Palabra para que así podamos reflejar a Dios en las decisiones que tomamos.

En los últimos capítulos de este libro veremos cómo el Antiguo y Nuevo Testamentos reflejan la voluntad de Dios como el cumplimiento de la enseñanza de Dios.

LIDIAR CON LA DIVERSIDAD CRISTIANA

¿Alguna vez pensaste *por qué los cristianos, que proclaman la misma Biblia como su autoridad, no exhiben unidad de creencia y valores? ¿Por qué diferentes iglesias de la comunidad interpretan los mismos versículos de la Biblia con resultados muy diferentes? ¿Por qué Dios no impuso una unidad de creencia y valores en la iglesia?* Estas son grandes preguntas y no producen respuestas sencillas. Pero las preguntas indican que Dios ordenó un proceso mediante el cual nosotros somos responsables de lidiar con nuestro mundo y los preceptos de la revelación de Dios para tomar determinaciones. De todos modos, Dios no escogió imponer una unidad total sobre nuestras conclusiones. Aunque tal vez haya solo una respuesta correcta a una pregunta, Dios puede suspender la imposición de esa respuesta para lograr otros propósitos en nuestro desarrollo moral y espiritual. Todos estamos demasiados familiarizados con la diversidad de puntos de vista acerca del gobierno de la iglesia, el bautismo, la Santa Cena (Eucaristía) y el milenio, para solo nombrar algunas. Recuerda, ¡tenemos una Biblia inspirada pero no los comentarios inspirados!

Dios decretó un proceso que incluye un grado de riesgo y lucha para su creación. Dios pudo haber administrado en detalles cada decisión que tomamos, pero decidió no hacerlo.

Yo creo que el verdadero mundo que experimentamos es parte del gran plan de Dios para exhibirnos como creados a su imagen. Sin el riesgo y la lucha, nunca podremos crecer como portadores de su imagen. Como un padre crea un ambiente en el que los niños pueden madurar, así Dios ordenó nuestro peregrinaje para conformarnos a la imagen de su querido Hijo. De vez en cuando volveremos a considerar este tema a medida que veamos cómo se manifiesta en el registro bíblico este modelo del trato de Dios para nosotros.

CONCLUSIÓN

Hemos presentado varios temas principales de la historia bíblica acerca de conocer a Dios y su voluntad. Las Escrituras nos enseñan que sin la divina revelación no podemos conocer a Dios ni su voluntad. Una vez que Dios haya revelado su voluntad, el registro de esta información provee el significado de manera que los seguidores de Dios puedan discernir los deseos de Dios para su creación. Nosotros somos responsables de adquirir una comprensión de Dios y sus caminos del registro bíblico y por lo tanto ser transformados por la renovación de nuestras mentes. Entonces seremos capaces de interpretar las decisiones de la vida a partir de una base de valores coherentes con la voluntad revelada de Dios.

El desafío que experimentamos para conocer la voluntad de Dios pocas veces está en el aspecto de los mandamientos directos de Dios. El claro mandamiento de las Escrituras solo necesita obedecerse. La dificultad de discernimiento se relaciona a todos los aspectos donde no hay versículos directos de la Biblia para tratar nuestra pregunta. Sin embargo, todavía la Biblia tiene aplicación en cuanto a nuestras preguntas, mediante la estructura de su cosmovisión. La habilidad de pensar dentro de una cosmovisión y una estructura de los valores bíblicos es la clave para tomar decisiones que satisfagan a Dios.

El próximo capítulo presentará un modelo para procesar las decisiones. La presentación del «gran panorama» preparará el escenario para los capítulos restantes de este libro.

3

Un anticipo de un modelo de cosmovisión y valores

■ A Jean, una íntima amiga cristiana, la dejaron a cargo de emplear varios cientos de miles de dólares para equipar un centro ambulatorio de cirugía con equipos computarizados. Ella era la administradora de la oficina y parecía ser la que más sabía acerca de computadoras. Estaba muerta de miedo. Todos en la oficina se sentían incapaces en el campo de las computadoras y ella apenas estaba a la cabeza del grupo. Incluso más, ella conocía algunos programas pero no la parte del hardware del sistema de computadoras.

Jean hizo su trabajo e investigó acerca de varios vendedores. Los fue descartando hasta quedarse con dos. Un vendedor, de Indianápolis, representaba a una compañía de computadoras muy bien conocida. El otro era un vendedor nuevo en Lebanon, Indiana. El representante de Indianápolis era «Mr. Clean». Tenía todas las respuestas acerca del hardware y alguien de renombre para proveer servicios. Pero su paquete de software no era exactamente lo que la oficina de Jean necesitaba, aunque podría funcionar. El representante de Lebanon era un fanático de las computadoras que parecía acabado de salir de una maleta. Él también tenía todas las respuestas, y tenía un nuevo programa médico que se adaptaba a las necesidades de la oficina de Jean. Su producto era la mejor decisión según las investigaciones de Jean, pero ella temía escoger esta nueva firma en lugar de compañías bien conocidas y se preguntaba si este tipo extraño podría cumplir sus promesas. Miles de dólares estaban en juego. Una oficina médica muy ocupada necesitaba servicio bueno y a tiempo. ¿Podría la compañía de Lebanon brindar ese servicio?

Llegó el momento en que Jean tenía que tomar una decisión y estaba atormentada e indecisa entre una reputación establecida y una nueva. El día de la decisión, Jean estaba en la casa para el almuerzo leyendo su Biblia y pidiendo en oración una respuesta divina a este dilema. Y, entonces, cuando abrió la Biblia, sus ojos se posaron en Jeremías 22:20. Todo lo que vio fue «¡Sube al Líbano…! Dio un salto que casi llega al techo. Ella sabía mi opinión acerca de usar la Biblia como una tabla de Ouija. Vino a mi oficina con la Biblia en la mano y dijo: «¡Bueno, explíqueme esto!»

Mi respuesta comenzó por revisar con Jean sus investigaciones y las conclusiones a las que había llegado. Ella estaba convencida de que Lebanon era la mejor decisión, pero tenía miedo. Le dije que se decidiera de acuerdo a las investigaciones. No le dije que el contexto de Jeremías 22 explicaba que Dios usó al profeta para condenar al Líbano por su falso sentido de seguridad (v. 21) o que la referencia al Líbano era un ejemplo negativo de la ira pendiente de Dios (vv. 22-23). Tampoco le di mi paráfrasis del versículo 20: «¡Ay de aquellos que suban al Líbano buscando ayuda!»

Yo puedo disfrutar plenamente un momento de misterio como el que experimentó Jean, pero no puedo fabricar un modelo para tomar decisiones basándome en eso como algunos hacen. Hacerlo sería promover un uso irresponsable de la Biblia. Un proceso bíblico de discernimiento no se puede edificar sobre un procedimiento que es poco más que una adivinación cristiana y pagana en su origen y método. No podemos violar lo que la Biblia intenta enseñar simplemente porque tengamos una experiencia rara que no podemos explicar. Dios diseñó una mejor manera, una que nos lleva muy adentro en la Biblia y coloca una gran responsabilidad sobre nosotros. Es una manera de madurarnos para tener la mente transformada de Romanos 12.

«La persona que no planea, ya planeó su fracaso». De vez en cuando la mayoría de nosotros ha violado este conocido dicho. Tomar una decisión requiere una reflexión planeada. Primero debemos identificar con claridad y definir los asuntos sobre los cuales debemos tomar una decisión. Luego necesitamos procesar las preguntas que surjan en este procedimiento a través de nuestro filtro mental. Este filtro nos capacita para evaluar los asuntos a la luz de la cosmovisión y los valores establecidos que hemos adquirido hasta este punto. Para continuar este proceso, necesitamos una clara comprensión de cómo visualizarlo. Mi gráfica en la próxima sección intenta ayudarte a hacer esto.

En las partes 2 y 3 visitaremos los textos bíblicos y sostendremos que este modelo representa la forma normal que Dios diseñó para que nosotros procesemos las decisiones de la vida.

VER EL GRAN PANORAMA

La gráfica en la figura 7 nos ayudará a pensar mediante un proceso cristiano para tomar una decisión. Este ilustra el proceso por el que debe pasar nuestra mente a medida que evalúa los asuntos que confrontamos. Ninguna ilustración será exhaustiva, pero esta gráfica provee un marco que tú puedes utilizar y expandir. Las casillas rectangulares representan los puntos donde tú evalúas las preguntas, y las flechas muestran el flujo de este proceso. Todo esto y más entra a tu mente todos los días de tu vida. La verdadera pregunta es si tú estás consciente de cómo tú tomas las decisiones.

El propósito de la voluntad de Dios es simplemente un proceso de evaluar las cuestiones de la vida a la luz de la cosmovisión y valores que reconocemos y aplicamos. Por favor, lee el resto de esta sección haciendo una referencia constante a la gráfica para tomar una decisión. La primera pregunta que se destaca en la gráfica requiere que aclaremos si estamos tratando con un mandamiento o directriz claro que la Biblia ya provee explícitamente. Si lo estamos haciendo, entonces necesitamos obedecer la verdad que ya conocemos. Si no estamos seguros, entonces necesitamos aclarar la naturaleza del asunto que confrontamos. Las secciones del hermano «débil» y el hermano «fuerte» de Romanos y 1 Corintios ilustran cómo los asuntos no morales pueden convertirse en asuntos morales si no se tratan apropiadamente.

Aunque los contextos de 1 Corintios y Romanos son diferentes, contienen algunos temas comunes acerca de la voluntad de Dios. Primero, el punto de vista del débil estaba equivocado y el del fuerte estaba bien. Segundo, el fuerte debía asumir la responsabilidad de crear un ambiente en el que el débil tuviera espacio para lidiar con sus interpretaciones equivocadas de una manera apropiada. Sin embargo, aquellos que tienen una cosmovisión adecuada, moralmente perturban a otros creyentes si los fuerzan a violar sus convicciones antes de tener una oportunidad de ajustar sus interpretaciones (filtros para tomar decisiones). Romanos 14:20-21 y 1 Corintios 8:11-12 advierten que el fuerte no debe abusar del débil forzándolo a madurar más rápido de lo que es capaz. Hacerlo es pecado (1 Corintios 8:12). En este contexto, el valor de la comunidad es mayor que los derechos personales. Este es un valor único en la cosmovisión cristiana. Al mismo tiempo, no olvides que Pablo no acomodó la visión de los débiles. Públicamente él declaró que ellos no tenían la razón al mismo tiempo que aclaró que hay prioridades superiores. Él no intentó que el débil gobernara el mundo. De hecho, creo que podemos considerar que si los débiles

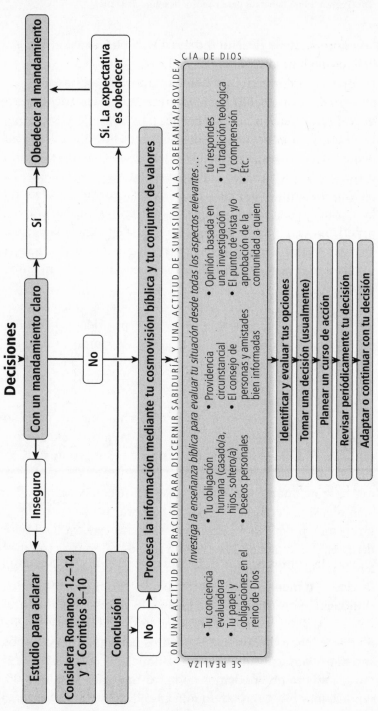

Fig. 7. El proceso para tomar una decisión con el filtro del conjunto de valores. © Gary T. Meadors, Th.D.

no cambian, con el tiempo debe tratárseles como si fueran beligerantes y no débiles.

En nuestro panorama actual las analogías a estas circunstancias del primer siglo no son fáciles de identificar, pero necesitamos pensar en los posibles paralelos. Es posible que la mente de un cristiano occidental no considere la influencia del templo pagano sobre la carne del mercado, pero he tenido estudiantes de Asia que confrontan esto en sus iglesias. El asunto del vino (Romanos 14:21) podría ser un paralelo en la iglesia norteamericana. Cómo los creyentes lidian con las prácticas del domingo puede ser un tema en algunas iglesias. Esta parte de nuestra gráfica realmente nos llama a pensar en un nivel más alto que simplemente obedecer mandamientos claros.

Si llegamos a la conclusión de que tenemos una situación que no se encuentra en ningún pasaje específico de la Biblia, ni en el modelo de Romanos y 1 Corintios, entonces llegaremos a un proceso más elaborado de análisis que nos ayudará a pensar en cómo la Biblia trata nuestro asunto (la casilla grande en la gráfica).

Mientras que toda la gráfica representa nuestro proceso mental, la casilla grande se concentra en la mente transformada de Romanos 12. Cuando se presenta un asunto para la evaluación, primero necesitamos identificar las categorías que se relacionan con el asunto que se esté considerando. Por ejemplo, si la decisión a tomar es comprar una casa o alquilarla, ¿qué pregunta debemos revisar para este asunto? Esta decisión por lo menos se relaciona con los valores pertinentes a la familia, las finanzas y geografía de las circunstancias de la vida. Cuando identificamos las categorías, comenzamos a indagar en la Biblia los valores que se relacionan con la categoría. Por ejemplo, generalmente la Biblia nos enseña a vivir de acuerdo a nuestros medios para que así podamos satisfacer nuestras obligaciones financieras. Si nuestros recursos dictan que podemos comprar una casa de $150.000, no debemos estar buscando una casa de $250.000. Debemos considerar en nuestra propia conciencia qué valores nos motivan al tomar una decisión. ¿Nos motiva la necesidad o los deseos de «estar al nivel de la familia Pérez»? O quizás damos más valor a una inversión que al hecho de pagarle a un dueño de la propiedad. ¿Mostramos paciencia o impaciencia acerca de nuestra situación en la vida? ¿Qué valores colocamos en la deuda o no deuda? De hecho, ¿cómo vemos lo de la deuda? ¿Debemos hacer un compromiso a largo plazo con nuestra ubicación geográfica actual? Estas son solo algunas observaciones generales acerca de la situación mientras intentamos relacionarla con nuestro sistema de valores ya establecidos.

Las categorías en la casilla grande de la parte inferior de la gráfica representan algunas categorías bíblica básicas que nos ayudan a analizar las decisiones de la vida. Cada categoría tiene su propio grupo de valores. Estos valores pueden variar entre las personas y pueden cambiar con el tiempo. Sin embargo, reflejan asuntos comunes que cada uno de nosotros debe considerar. Por ejemplo, un aspecto común con numerosos valores pero que cambia según cambian nuestras circunstancias es el de las obligaciones humanas. ¿Somos solteros o casados, o casados con hijos, o casados con padres ancianos? Cada una de estas categorías trae con ellas múltiples textos bíblicos y expectativas.

Tuve un alumno, Mark, que recientemente vino a nuestra casa a comer. Mark ha estado en nuestra casa como soltero, casado y casado con hijos. He observado su punto de vista de la vida y he sentido cómo se ha desarrollado el cambio de las obligaciones durante los últimos años. En la última visita él comentó que nunca había imaginado cómo al tener un hijo se reorganizarían sus prioridades y puntos de vista sobre la vida. Hay buenas razones bíblicas para estos cambios y los valores que los acompañan. Nuestro status en términos de soltero, casado, o familia, trae ciertas obligaciones y parámetros bíblicamente definidos que influyen la manera en que reaccionamos ante los sucesos de la vida.

Todos los asuntos de esta casilla, y muchos de los otros que podemos crear, se pueden desarrollar teológicamente y por lo tanto producen ciertas obligaciones y valores que enseña la Biblia. Nuestro desarrollo de la comprensión de lo que enseña la Biblia en estos varios aspectos moldea cómo analizamos los asuntos de la vida. La aclaración de la enseñanza y de los valores bíblicos es el gran proceso al que Pablo nos exhorta en Romanos 12. Somos responsables de lidiar con la vida como cristianos. Dios nos dio su Palabra y espera que nosotros la usemos en nuestra vida cotidiana. Este proceso nos ayuda a hacer las preguntas correctas con relación a las decisiones que encaramos. Con frecuencia encontramos las respuestas que buscamos cuando aprendemos a usar las preguntas para derivar los significados apropiados tomados de las Escrituras.

En el capítulo 7 vamos a considerar con más detalles las categorías de esta gráfica, pero ahora déjame explicarte cómo influyeron los valores sobre las personas en la historia bíblica.

¡CÓMO VIVIR UNA VIDA MISERABLE!

Lot, el personaje del Antiguo Testamento, sobrino de Abraham, nos brinda una ilustración interesante de cómo opera un modelo que los valores dirigen en el proceso para tomar una decisión. Creo que Lot tenía los valores correctos, pero tomó todas las decisiones equivocadas. El incidente que involucró a Abraham y a Lot en Génesis 12–19 ocurrió en el año 2000 a.C. y aunque Moisés no provee la información bíblica hasta alrededor del 1450 a.C., mucho antes que existiera lo que conocemos como la Biblia Abraham ya conocía a Dios por una revelación directa y la tradición oral. Es muy probable que lo que Lot sabía acerca de Dios, lo aprendiera directamente de Abraham.

La información de Génesis retrata a Lot dejando a Mesopotamia con Abraham y convirtiéndose en un aprendiz de Abraham en la crianza de ganados (12:4; 13:1, 5). Con el paso del tiempo las manadas de Lot llegaron a ser tantas que causaron conflicto con la manada creciente de Abraham. Abraham reconoció este problema y tomó la iniciativa de resolverlo dándole a Lot la primera elección para reclamar un territorio (Génesis 13:5-9). Lot eligió lo que era mejor para su manada. Él ocupó el área bien irrigada de Sodoma y Gomorra. El autor de Génesis deja claro que esta área fue una elección que violó el buen juicio (13:12-13). Génesis 13:14-17 implica que la elección de Lot no solo lo separó de Abraham sino también de la bendición divina que Dios le brindó a Abraham. Lot se colocó fuera de la corriente progresiva de la auto revelación e instrucción de Dios. La conducta y elección subsiguientes de Lot podrían reflejar la clase de valor conflictivo que lo llevó a Sodoma en primer lugar.

Aunque Lot estaba geográficamente por su cuenta, la historia muestra que Abraham seguía siendo el cuidador del sobrino (Génesis 14; 18:16-33). La ilustración clásica del esfuerzo de Abraham para cuidar a Lot es el relato de Dios comunicándole a Abraham su decisión de destruir a Sodoma y Gomorra. Esto le dio la oportunidad a Abraham de interceder por Lot y su familia, una oportunidad de la que él se aprovechó con rapidez (18:22-23). Cuando los dos ángeles llegaron a Sodoma, encontraron que Lot era un residente atrincherado en la ciudad y un oficial en su sistema judicial (que indica la frase «sentado a la entrada de la ciudad» en el 19:1). La iniciativa de Lot para estos visitantes indica su nerviosismo en cuanto a la seguridad de ellos en la ciudad, a la luz del ambiente moral de Sodoma, una implicación que confirman los sucesos de la tarde. Luego que los visitantes revelan el juicio de Dios que vendría y la oportunidad de Lot para librar a su familia, Lot es incapaz de convencer a sus futuros yernos para que escapen. A la mañana siguiente, Lot, su esposa y las dos hijas escapan de la destrucción de la ciudad. La simpatía de su esposa por Sodoma y la aparente ira contra Dios acerca del suceso le costó la vida. Las cosas se empeoran cuando en medio de la destrucción, las hijas de Lot comenten incesto con su padre y traen dos hijos cuyas progenituras se convirtieron en las naciones de Moab y Amón. Lot se desvanece del registro histórico, aunque sus hechos perduran como una infamia en el registro bíblico y en la historia judía.[1]

El relato de Génesis acerca de la estancia de Lot en Sodoma cobra vida en los comentarios interpretativos de 2 Pedro 2:4-9. La referencia de Pedro a Lot deja ver los pensamientos internos de Lot al vivir en el ambiente de Sodoma. Examinemos los versículos 7-8:

> Por otra parte, libró al justo Lot, que se hallaba abrumado por la vida desenfrenada de esos perversos, pues este justo, que convivía con ellos y amaba el bien, día tras día sentía que se le despedazaba el alma por las obras inicuas que veía y oía.

Pedro nos da varias perspectivas en la vida de Lot. En repetidas ocasiones se refiere a Lot como «justo». Por lo general, en la Biblia *justo* se refiere a una conducta «que hace lo recto», por ejemplo, conformidad a los mandamientos de Dios. Pablo también representa la justicia como el estado legal de ser salvo, nuestra posición ante Dios. El relato del Génesis no muestra a Lot como alguien que tomara buenas decisiones. De hecho, él hasta llegó a ser un ejemplo de un pecador notorio en la literatura judía primitiva. Quizás Pedro destacó la condición de Lot ante Dios porque nosotros, de acuerdo a lo que sabemos, no le daríamos a Lot ese crédito. Llamarlo «justo» y referirse a la conducta de Sodoma como «desenfrenada» establece un contexto de normas y valores. Estar *Abrumado* y *despedazado* en el ser interior de Lot se debía a vivir en un ambiente que violaba la verdad y los valores que él había aprendido de Abraham.

El uso de Pedro de «abrumado» y «despedazado» describe a una persona que tenía serios conflictos mentales en la esfera de los valores. *Abrumado* es la traducción de una palabra en griego que significa «atormentarse a causa de medios opresivos, someter, atormentar, agotar y oprimir».[2] Este tipo de opresión la inflige una persona sobre otra. En Génesis, Lot se siente oprimido por los valores perversos de los habitantes de Sodoma. Esta opresión se reflejó en Génesis 19:9 cuando los sodomitas se airaron porque Lot se atrevió a expresar su juicio acerca de sus acciones. Este es un punto positivo en la narrativa de Lot, aunque el ofrecimiento de sus hijas vírgenes casi se expresa en la misma frase.

El segundo término *despedazado* es la traducción de una palabra en griego que significa hostigar. Es un término severo que también se usa para expresar tortura y procedimientos judiciales punitivos que en la antigüedad a veces se aplicaba a los esclavos.[3] Pedro retrata a Lot como continuamente sujeto a una tormenta interior por vivir en el medio de Sodoma (2 Pedro 2:8). Esto se destaca más cuando uno recuerda que Lot se sentaba con los ancianos de la ciudad «en la entrada». Él era como un juez local que sabía lo que estaba bien pero no tenía el valor para hacerlo cumplir. Por lo tanto, vivía bajo un conflicto constante de valores. No hay peor tormento que un sistema de valores dobles.

Por favor, recuerda que estas reflexiones sobre el conflicto de los valores que Lot experimentó se relacionan con el conflicto interior de Lot con la verdad que había recibido de Abraham acerca de Dios. Lot no le estaba pidiendo a Dios información adicional para tomar decisiones. Él estaba lidiando con sus problemas en cuanto a los valores depositados que poseía en ese entonces. Por desgracia, Lot nunca encontró el valor moral para conformar sus decisiones a lo que sabía que era correcto.

CONCLUSIÓN

Este capítulo presenta un marco para procesar las decisiones de la vida. Este marco refleja la expectativa de Romanos 12:1-2. Nosotros somos responsables de discernir la voluntad de

Dios sobre las bases de una mente transformada, una que ha desarrollado una cosmovisión y valores establecidos renovados de la enseñanza bíblica.

Es difícil colocar el contenido de este capítulo antes de nuestro análisis del texto bíblico, porque las ideas y temas que aquí se presentan se derivan del estudio que estamos a punto de continuar. Sin embargo, yo creo que esta breve presentación del «gran panorama» te ayudará a ver cómo toda la Biblia provee un marco mental para el discernimiento.

Este capítulo concluye la primera parte de nuestro peregrinaje para comprender los fundamentos para conocer la voluntad de Dios. Hemos observado el problema de conocer, la solución de Dios a ese problema, y las expectativas de Dios expresadas mediante Pablo para que renovemos nuestras mentes al adquirir un punto de vista bíblico. La adquisición de una cosmovisión y valores bíblicos establecidos transforman la manera en que pensamos y tomamos decisiones ante los desafíos de la vida.

Parte 2

Patrones bíblicos para conocer la voluntad de Dios

Hasta aquí hemos explorado por qué tenemos un problema para conocer la voluntad de Dios y cómo podemos tomar decisiones que estén de acuerdo a la voluntad revelada de Dios. Ahora es el momento de estudiar pasajes bíblicos que explican el tema de la voluntad de Dios. En los capítulos 4 y 5 trabajaremos sistemáticamente a través del Antiguo y Nuevo Testamentos para ver cómo la Biblia presenta la idea de conocer la voluntad de Dios. Luego, en el capítulo 6 nos enfocaremos en algunos pasajes clásicos que tradicionalmente se usaron para formar modelos acerca de conocer la voluntad de Dios y sugerir cómo se aplican a tu vida. El capítulo 7 sostendrá que ese discernimiento piadoso que se deriva de una base de valores bíblicos constituye hacer la voluntad de Dios.

Otra meta de esta sección es ayudarte a aprender a leer la Biblia en su contexto. Por lo general, los cristianos reclaman leer las Escrituras en su contexto; sin embargo, lograr leer así es un gran problema en el intercambio de ideas cristiano popular. Aprender a leer la Biblia es el primer paso para saber cómo usarla como fuente para edificar una cosmovisión y el conjunto de valores cristianos. Necesitamos entender cuándo la Biblia nos está diciendo qué hacer y cuándo solo nos relata una historia acerca de lo que otra persona hizo. Discernir cuándo y cómo la Biblia se aplica a nosotros es determinar su naturaleza «normativa». Es decir, la Biblia prescribe y describe, y en cualquier pasaje dado tú debes decidir si está prescribiendo o describiendo.

Un análisis de la voluntad de Dios en los Testamentos Antiguo y Nuevo nos llevan a considerar la diferencia entre conocer la voluntad revelada de Dios y buscar el discernimiento piadoso a base de esa voluntad revelada. Yo presentaré a tu consideración que Dios ya reveló su voluntad y que ahora es tu responsabilidad obrar a partir de esa revelación para practicar el discernimiento piadoso en tus decisiones diarias.

4

La voluntad de Dios
en el Antiguo Testamento

■ ¿Cómo los creyentes del Antiguo Testamento ordenaron sus decisiones diarias para vivir para Dios? ¿Cómo sabían si agradaban a Dios? Una lectura del Antiguo Testamento contesta estas preguntas desde la perspectiva de las relaciones de los creyentes con la ley de Dios. Ellos veían la ley de Dios como la voluntad de Dios. La ley reflejaba una base relacional entre Dios y sus hijos. Los creyentes del Antiguo Testamento ordenaron sus vidas en vista de lo que Dios había revelado acerca de sí mismo y su deseo para la conducta humana. A veces nosotros pensamos en lo mucho más complicada que es la vida hoy en comparación a lo que antes era. Tal vez ubiquemos, a la luz de los progresos tecnológicos, los adelantos de la ciencia médica y las decisiones mucho más difíciles que encaramos. Aunque nuestras vidas parecen más complejas, los creyentes de todas las edades practicaron los mismos métodos para tomar decisiones, validar los desafíos de la vida mediante una cosmovisión bíblica y el sistema de valores que procede de este. Las ilustraciones pueden variar, pero el proceso es el mismo.

CONOCER LA VOLUNTAD DE DIOS A LA MANERA DEL ANTIGUO TESTAMENTO

El Antiguo Testamento revela tres patrones para conocer a Dios y su voluntad. Primero, durante la historia redentora Dios superó el problema del conocimiento dando a personas selectas una revelación directa acerca de él mismo y su voluntad. Por ejemplo, Dios comunicó su voluntad a través de Abraham, Moisés y los profetas. Segundo, la continua presencia de la revelación inicial directa en forma oral y/o escrita se convierte en la reserva, el «depósito de valores», ofreciendo una guía normativa para el pueblo de Dios. A menudo los salmistas demuestran este uso de las Escrituras. Tercero, para discernir la voluntad divina en ocasiones especiales se usaron varios métodos extraordinarios como echar suertes, el Urim y el Tumim.

La verdad directamente revelada

Desde el comienzo del Jardín del Edén hasta el tiempo en que Moisés y otros escribieron porciones de la Biblia, la presencia de la verdad divina en la tierra dependía de la revelación directa de Dios —acerca de su persona y voluntad— a ciertas personas. Dependemos del relato de Moisés respecto a estos hechos, los informes que él compuso por todos los medios disponibles al igual que cualquier información que Dios pudo darle directamente. Génesis refleja cómo Dios se comunicó con y mediante Adán y Eva, Abel y Caín, Enoc y Noé, Abram y sus descendientes. Además de estas características principales en la historia bíblica, hay implicaciones de la actividad más amplia de Dios con personas tales como Melquisedec (Génesis 14:17-24) y Balán (Números 22–24). No sabemos virtualmente nada acerca de otras actividades reveladoras de Dios aparte del primer grupo de personas en quienes se enfoca la Biblia.

Sin embargo, sí sabemos que Moisés es la persona clave

que Dios escogió para proveer el informe bíblico de su persona y su voluntad. Los cinco libros que Moisés compuso, llamados el Pentateuco, proveen el fundamento sobre el cual se forma la historia y la verdad redentora. Moisés era un recipiente directo de la revelación de Dios (por ejemplo Éxodo 20–34) y Dios lo llamó a reiterar el significado de esa verdad en una manera inspiradora (comparar cómo Deuteronomio expande las ideas básicas). Incluso dentro del Pentateuco vemos a Moisés pasar de recibir una revelación directa a tomar esa información y volverla a proclamar de una manera cargada de valores. Un ejemplo clásico de esto es el origen del «mandamiento más importante» que Jesús resalta (Mateo 22:36-39; Lucas 10:27; Levítico 19:18; Deuteronomio 6:5; 10:12; Josué 22:5). El mandamiento más importante no era parte de la revelación directa de Dios a Moisés, sino que era una declaración resumida que Moisés desarrolló en su repaso del significado de la ley de Dios para Israel.

Amor capta el valor esencial de la relación entre Dios y el mundo en todos los niveles. Este encierra la agenda de Dios para su creación (Juan 3:16); refleja la responsabilidad de la creación hacia Dios (Deuteronomio 6:5) y controla la relación recíproca de aquellos que siguen a Dios (Gálatas 5–6). El amor representa el valor supremo por el cual nos esforzamos. Este es un término fundamental que presenta las relaciones personales y del pacto. Ni la ley ni toda la Biblia podrían abordar cada situación en la vida que pueda surgir. Por lo tanto, los seguidores de Dios necesitan un modelo para guiar sus relaciones. El amor es ese modelo. Sin embargo, el amor no se auto define. Debemos utilizar la enseñanza de Dios para guiar al amor. También debemos razonar a partir de las enseñanzas de Dios para entender lo que debe hacer el amor en situaciones que no se especifican. Este importante término bíblico nos lleva a un proceso de discernimiento de valores.

El «depósito de valores» revelados

Aunque un proceso de revelación directa continuó a través
de la historia del Antiguo Testamento, la Biblia indica que
esta revelación directa era un proceso especial para la nación
de Israel y que esta no era la manera en que Dios esperaba
que los creyentes individuales procesaran normalmente las
decisiones. Moisés y sus descendientes prepararon a su generación para operar desde la verdad que transmitieron estos
representantes especiales de Dios. Deuteronomio explícitamente manda que esta generación debe ordenar sus vidas a
base de la verdad que se reveló (6:1-9; 8:3; compararlo con
Josué 1:6-8). Deuteronomio 6:1-9 establece un patrón que
requiere que lo leamos.

> Éstos son los mandamientos, preceptos y normas que
> el SEÑOR tu Dios mandó que yo te enseñara, para que
> los pongas en práctica en la tierra de la que vas a tomar
> posesión, para que durante toda tu vida tú y tus hijos y
> tus nietos honren al SEÑOR tu Dios cumpliendo todos
> los preceptos y mandamientos que te doy, y para que
> disfrutes de larga vida. Escucha, Israel, y esfuérzate
> en obedecer. Así te irá bien y serás un pueblo muy
> numeroso en la tierra donde abundan la leche y la
> miel, tal como te lo prometió el SEÑOR, el Dios de tus
> antepasados.
>
> Escucha, Israel: El SEÑOR nuestro Dios es el único
> SEÑOR. Ama al SEÑOR tu Dios con todo tu corazón y
> con toda tu alma y con todas tus fuerzas. Grábate en el
> corazón estas palabras que hoy te mando. Incúlcaselas
> continuamente a tus hijos. Háblales de ellas cuando
> estés en tu casa y cuando vayas por el camino, cuando
> te acuestes y cuando te levantes. Átalas a tus manos
> como un signo; llévalas en tu frente como una marca;
> escríbelas en los postes de tu casa y en los portones de
> tus ciudades.

La primacía del depósito de la verdad que Moisés llevó a la nación es muy clara. A Israel se le enseñó a depender de los escritos divinamente dados a Moisés mientras ellos comenzaron en las próximas páginas de la historia redentora. Este modelo de dependencia de la verdad ya revelada se refleja en cómo el resto de los autores del Antiguo Testamento se refieren a lo que ya se había enseñado a medida que enfrentan sus propios desafíos. El salmista refleja en la ley sus luchas personales y los profetas presentan la ley como una norma para las responsabilidades de la nación.

Los libros históricos del Antiguo Testamento (Josué a Ester) hacen una crónica de la vida de Israel con relación a Dios desde la perspectiva del pacto y la ley. Individuos especiales, Josué, Samuel y los primeros profetas como Elías, emergen como vehículos a través de los cuales Dios se comunica con la nación. Israel como nación, que desde luego está formada de personas que toman decisiones, se ve desde la perspectiva de cómo la gente se relaciona con lo que ya Moisés había enseñado. La vida se debe vivir basándose en la verdad y los valores del Pentateuco.

La literatura sapiencial del Antiguo Testamento muestra particularmente a los creyentes discerniendo la vida sobre la base de la meditación en cuanto a la Palabra revelada de Dios. Job mantuvo la percepción de su persona a pesar de las circunstancias y un cielo silencioso. Él solo se vindicó al mirar atrás (Job 42:2). Los distintos salmistas modelaron una meditación acerca de la vida desde una perspectiva bíblica. Un pasaje bien conocido en el Salmo 119 ilustra esta mentalidad.

> *¿Cómo puede el joven llevar una vida íntegra?*
> *Viviendo conforme a tu palabra.*
> *Yo te busco con todo el corazón;*
> *no dejes que me desvíe de tus mandamientos.*
> *En mi corazón atesoro tus dichos*
> *para no pecar contra ti.*
>
> VERSÍCULOS 9-11

El Salmo 119 es famoso por su manera constante y multifacética de referirse a la ley de Dios. La ley impregnaba el discernimiento meditativo del salmista.

La sabiduría de los Proverbios también refleja cómo la verdad ya revelada se convierte en el depósito de valores sobre el cual se construye la sabiduría. El primer capítulo de Proverbios ejemplifica la sabiduría como el producto del conocimiento que pasa de una generación a otra. La sabiduría del padre o maestro a menudo se personifica como la voz de Dios. Esta voz viene de leer y escuchar la instrucción y no de escuchar una voz añadida a lo que ya está disponible. Fuera del libro de los Proverbios, un necio es la persona que no conoce a Dios (Salmo 14:1; Jeremías 4:22), pero en Proverbios el necio es el opuesto al «sabio». Los sabios son los que escuchan y obedecen las instrucciones de Dios. En contraste, el necio es la antítesis de la persona que vive de acuerdo con las enseñanzas de Dios (Proverbios 10:8, 14; 11:29; 12:15; 14:3; 17:28; 29:9). El necio en Proverbios tiene muchas oportunidades para ser sabio, pero rehúsa seguir la verdad revelada que está a su disposición. Como resultado, el producto del camino del necio es la necedad, lo opuesto al conocimiento piadoso (Proverbios 12:23; 13:16; 14:18; 15:2, 14), sabiduría (14:1, 8), entendimiento (15:21) y prudencia (16:22).[1] Todo el sistema de conocer a Dios y hacer su voluntad en el Antiguo Testamento dependía del conocimiento establecido de la enseñanza divina y de cómo esta se aplicaba a las cuestiones de la vida.

La literatura profética del Antiguo Testamento refleja los mismos patrones. Los profetas que escribieron eran primordialmente «policías del pacto». Ellos evaluaron la vida de Israel de acuerdo con las normas de la Palabra de Dios, especialmente el Pentateuco y la hallaron deficiente. Aunque los profetas a veces comunicaron nuevas verdades, a menudo eran los instrumentos de Dios para señalar cómo la nación no cumplía con la verdad y las normas ya reveladas. Esto es el meollo de la comprensión del depósito de los valores como el procedimiento normal del discernimiento.

Provisiones especiales para conocer la voluntad de Dios en el Antiguo Testamento

Además de los patrones dominantes de las revelaciones directas a individuos especiales y a partir de las cuales luego otros vivieron, el Antiguo Testamento presenta algunas provisiones especiales. Ya que estos procedimientos hacen eco de algunos aspectos de la adivinación en el contexto histórico de Israel en el Medio Oriente antiguo, necesitamos repasar cómo el mundo, aparte del mundo de la Biblia, buscaba saber la voluntad divina.

La adivinación era una parte común de la cultura del Medio Oriente. Dios condenó a los israelitas por el uso de prácticas paganas como la adivinación y la astrología (Levítico 19:26; Deuteronomio 18:9-13; 2 Reyes 17:16-20). Sin embargo, en todo el Antiguo Testamento se reflejan las prácticas de adivinación pagana como parte del mundo en el cual Israel funcionaba. Tales prácticas incluyeron echar suertes (Jonás 1:7); la lectura de los órganos, especialmente del hígado (hepatoscopía); tiro de flechas (belomancia, Ezequiel 21:21); leer el agua en recipientes (hidromancia, Génesis 44:5); astrología (2 Reyes 17:16; 23:4-5; Jeremías 10:2-3); y médium y espiritistas (Levítico 19:31; 1 Samuel 28; 2 Reyes 17:17; Isaías 8:19-20).[2]

Isaías hace un comentario fascinante en vista de nuestro tema presente:

> Si alguien les dice: «Consulten a las pitonisas y a los agoreros que susurran y musitan; ¿acaso no es deber de un pueblo consultar a sus dioses y a los muertos, en favor de los vivos?», yo les digo: «¡Aténganse a la ley y al testimonio!» Para quienes no se atengan a esto, no habrá un amanecer. (Isaías 8:19-20).

Isaías deja claro que el registro por escrito de la voluntad de Dios es la manera normal para buscar conocimiento acerca de Dios. No importa cuán impresionantes les parecieran a Israel los otros procedimientos, ellos necesitaban conocer las Escrituras. Esto se parece a la parábola de Jesús acerca del hombre rico y Lázaro (Lucas 16). Él dijo que los informes escritos de Moisés y los profetas tienen más valor que un mensajero que vuelva de la muerte (16:31). Como en el antiguo Israel, los cristianos modernos pierden mucho tiempo buscando soluciones sensacionales a su búsqueda para conocer a Dios y su voluntad, soluciones que a veces se asemejan a la adivinación pagana, en lugar de acomodarse para tener una larga y agradable lectura de la Biblia.

Aunque las prácticas de adivinación pagana estaban prohibidas, Dios le dio a Israel varias provisiones especiales. Estas provisiones no se crearon para satisfacer los deseos de «orientación en el momento» de los israelitas individuales pero eran prominentes en la guía de los sucesos mayores en la historia de la redención.

Los primeros profetas, que no escribieron libros, fueron una provisión especial de Dios para dirigir la nación. Personas como Débora, Gedeón, Samuel, Elías y Eliseo eran conductos directos de la voluntad de Dios para la gente. Cuando estas personas hablaron de parte de Dios, sus palabras todavía se tenían que evaluar en términos de la verdad previamente revelada de Dios (Deuteronomio 13:1-5). Una vez que se establecía la Palabra de Dios, el sermón oral que reclamaba hablar por Dios se evaluaba en términos de lo que ya se conocía.

Otras provisiones incluyeron sueños (Génesis 37; Jueces 7; Daniel 7) y señales milagrosas (Éxodo 3; Números 22:28-30; Jueces 6:15-22, 36-40; 1 Samuel 14:8). Estos sucesos están particularmente relacionados con los acontecimientos clave en el desarrollo del plan de redención de Dios y no en situaciones privadas.

Dios consintió en echar suertes y en el uso del Urim y Tumin para la guía de Israel. El uso de echar suertes como un medio de adivinación era común en el mundo antiguo. En el Antiguo Testamento hay alrededor de noventa y ocho referencias a echar suertes. Echar suerte se usó principalmente como un sistema para ayudar a tomar decisiones justas. Echar suertes determinaba qué animal se sacrificaría (Levítico 16:8) y era particularmente prominente en las decisiones acerca de la distribución de la tierra (Números 26:55; Josué 13–21). El éxito de este procedimiento dependía del punto de vista de la nación. La cosmovisión de Israel veía las manos de Dios en todo. Por consiguiente, ellos aceptaban el resultado del procedimiento de echar suertes porque veían a Dios como soberano. Proverbios 16:33 resume esto: «Las suertes se echan sobre la mesa, pero el veredicto proviene del SEÑOR». Este cuadro se convirtió en metáfora para las situaciones de la vida bajo la mano de Dios, como dice Jeremías 13:25: «Esto es lo que te ha tocado en suerte, ¡la porción que he medido para ti! —afirma el SEÑOR—». Este proceso también se aceptaba comúnmente para resolver toda clase de disputa, como se refleja en Proverbios 18:18: «El echar suertes pone fin a los litigios y decide entre las partes en pugna». Parece que en Israel el uso de echar suertes se relacionaba más con la perspectiva de una cosmovisión que de un proceso revelador.

La provisión más misteriosamente especial para guía en el Antiguo Testamento es lo que llamaron el Urim y Tumin. Hay menos de una docena de referencias a estos objetos, por nombre o por la implicación de su función. Su uso real parece limitado al período de Jueces a David, aunque existían desde los tiempos de Moisés (Éxodo 28:30). Estos son propiedad exclusiva del sacerdote y la función sacerdotal (ver Números 27:18-21). No hay evidencia alguna de que el Urim y el Tumim se usaran después de los tiempos de David.[3] Los escritos proféticos probablemente reemplazaron la función reveladora que esta herramienta sacerdotal ofrecía.

Los eruditos bíblicos no han logrado un consenso sobre la naturaleza y uso del Urim y el Tumim. Todos están de acuerdo en que el término hebreo y las referencias bíblicas brindaban información inadecuada para una definición final. Las dos explicaciones principales son que funcionan como una especie de aparato profético tipo sí o no, o que cumplen una función profética. Estos asuntos tal vez trajeron al sacerdocio una función reveladora y profética. A medida que el sacerdocio perdió su relación con Dios y que surgieron los profetas, la utilización por parte de Dios de esta función parece caer en desuso. Cualquiera que sea la explicación, ya no existe esta provisión única.

EL SIGNIFICADO DE «LA VOLUNTAD DE DIOS» EN EL ANTIGUO TESTAMENTO

La frase «la voluntad de Dios», según la utilizan los cristianos, es más una frase del Nuevo Testamento que del Antiguo Testamento. El uso directo de esta frase casi no existe en el Antiguo Testamento. Sin embargo, el concepto está presente en el uso de otros términos.

¿Qué significa cumplir la «voluntad de otra persona»?

Un estudio de lo que significa cumplir la voluntad de otra persona produce una amplia secuencia de significados. En un extremo, hacer la voluntad de alguien significa conformarse a las expectativas conocidas de una persona que tú deseas complacer. Frases como «hallar gracia» (Números 11:11; Rut 2:2; 2 Samuel 14:22), «caer bien a alguien» y «contar con el favor de alguien» dominan estas clases de contextos. En el Antiguo Testamento, el salmista usa la frase: «Me regocijo en el camino de tus estatutos» (119:14), en contraste con lo que diría el Nuevo Testamento: «Mi alimento es hacer la voluntad del que me envió» (Juan 4:34). Este lado de la secuencia le brinda a uno la oportunidad de complacer a otro. Es un asunto de elección de acuerdo a nuestra motivación interna. Al otro extremo de la secuencia, hacer la voluntad de alguien significa cumplir el irresistible propósito de una persona de poder. Hacer la voluntad de un rey no es una elección, sino cumplir un mandamiento.

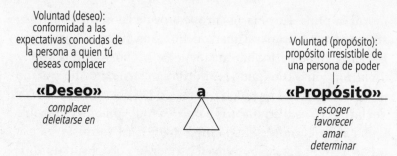

Fig. 8. Secuencia del término *Voluntad*

La secuencia desde el «deseo hasta el propósito» también representa la relación de la humanidad con Dios en el Antiguo Testamento. Salomón medita en esta secuencia en Proverbios 21:1-3 cuando ve a un rey terrenal sujeto a la voluntad de Dios por una parte y por la otra a un Dios que prefiere un corazón en lugar de algo externo. Aquellos que siguen a Dios desean hacer su voluntad. El salmista medita en el deleite de hacer la voluntad de Dios (40:8) al igual que en el deseo de Dios de ayudar a alguien a ser obediente a su voluntad (143:10). Dios también se ve como alguien que aplica sus propósitos en la tierra, como testifican Job (42:3) e incluso un rey pagano. Daniel informa la perspectiva de Nabucodonosor sobre la voluntad de Dios.

> *Ninguno de los pueblos de la tierra merece ser tomado*
> *en cuenta.*
> *—Dios hace lo que quiere con los poderes celestiales*
> *y con los pueblos de la tierra.*
> *—No hay quien se oponga a su poder*
> *ni quien le pida cuentas de sus actos.*
>
> (Daniel 4:35).

En el Antiguo Testamento, ¿qué significa cumplir la voluntad de Dios?

El Antiguo Testamento presenta la voluntad de Dios de dos maneras: El propósito soberano de Dios y la instrucción moral de Dios. Hay ciertos propósitos de Dios que él logrará sin considerar la participación humana ni la cooperación. El peregrinaje de Job no fue fácil. De hecho, algunos tal vez digan: «¿Cómo Dios pudo permitir que esto le sucediera a uno de sus hijos?» Al final, Job reconoció la soberanía de Dios y declaró: «Yo sé bien que tú lo puedes todo, que no es posible frustrar ninguno de tus planes» (42:2). El salmista piensa que el reino angelical cumple el soberano propósito de Dios (103:20-22). Incluso la mente y la voluntad de los reyes terrestres a veces están sujetos al control de Dios (Proverbios 21:1). Isaías particularmente bosqueja la soberanía de Dios sobre las naciones de la tierra (25:1; 44:28; 46:10; 48:14; cf. Esdras 5:17 con 7:18). La soberanía de Dios, su control providencial entre bastidores, es una parte importante de la narración de José en Génesis, el Libro de Ester y el material histórico en Daniel.

Además del control soberano de Dios, él nos ha dado información acerca de sus deseos para que podamos responder. Los requisitos de Dios se establecen principalmente en su instrucción moral. La verdad revelada de Dios constituye *la* manera más importante de conocer y hacer la voluntad de Dios en la Biblia. Esdras lidia con la crisis de matrimonios mixtos (Esdras 9–10) como un quebrantamiento de la voluntad moral de Dios para Israel (cf. 10:11). El salmista particularmente piensa en cómo las instrucciones morales de Dios proporcionan dirección para la vida. Salmo 23:1-3 ve la justicia reveladora de Dios como una guía para la vida. La voluntad de Dios y la ley de Dios son equivalentes en la mente del creyente del Antiguo Testamento (Salmo 40:8). Cuando el salmista ora: «Enséñame a hacer tu voluntad, porque tú eres mi Dios» (143:10), el foco está en someterse uno mismo a lo que Dios ya enseñó en lugar de orar pidiendo nueva información.

El profeta Daniel tuvo una carrera larga y significativa. Nabucodonosor lo llevó cautivo y en el 605 a.C. él entró al exilio en Babilonia. Mantuvo su identidad judía ante muchos obstáculos y logró alcanzar posiciones prominentes en el país anfitrión. Dios usó a Daniel de maneras especiales para comunicar la verdad profética a su generación durante casi setenta años (605-536 a.C.). Daniel fue un recipiente especial de la revelación directa de Dios. Él reconoció que sin la intervención de Dios, nos quedaríamos con nuestros recursos inadecuados (Daniel 2:20-23).

Al mismo tiempo, Daniel provee una ilustración interesante de cómo un creyente del Antiguo Testamento ordenó su vida alrededor de la voluntad moral de Dios. Daniel vivía su vida cotidiana sobre la base de la verdad previamente revelada. En Daniel 1 se relata una historia muy conocida de valor en la que Daniel y sus amigos, recién cautivos, se negaron a aceptar el menú de comida y bebidas que recetaron los babilónicos. Pero, ¿por qué se negaron ellos a comer este menú? Algunos dirían que este quebrantaba las leyes dietéticas del Pentateuco. Pero el vino nunca se prohibió en las leyes de la comida. La razón más probable es que Daniel y sus amigos se negaron a ingerir estas cosas porque estaban espiritualmente contaminadas por la participación en los ritos de un templo pagano. Daniel no se profanaría por comer una comida que un sistema pagano había bendecido (cf. Éxodo 34:15; 1 Corintios 8–10; Isaías 52:11). Él eligió mantener la pureza ceremonial de acuerdo a la ley. Más adelante, Daniel ni siquiera se desviaba de las costumbres santas que adoptó en su adoración a Dios. Él continuó con sus hábitos de oración a pesar de las posibles consecuencias (Daniel 6). La naturaleza de la vida de oración de Daniel tenía un contexto tradicional en la vida judía (ver 1 Reyes 8:35; Salmo 55:17; 1 Esdras 4:58), pero esto no era un asunto de la ley.

CONCLUSIÓN

El Antiguo Testamento registra la historia de Dios revelándose a sí mismo al mundo y la elección de la simiente de

Abraham como la nación en la que él podría enfocar esta revelación. A medida que creció el depósito de las enseñanzas de Dios, el pueblo de Dios dependió de este cuerpo de enseñanza para ordenar sus vidas. Moisés estableció el patrón en Deuteronomio, y cien años más tarde los Salmos y profetas reflejan el mismo patrón. Hacer la voluntad de Dios significa obedecer los mandamientos de Dios.

El capítulo 6 tratará varios ejemplos especiales de pasajes y sucesos del Antiguo y del Nuevo Testamento que a menudo se usaron para promover modelos de la voluntad de Dios. Sin embargo, primero debemos delinear las declaraciones del Nuevo Testamento acerca de conocer la voluntad de Dios.

5

La voluntad de Dios en el Nuevo Testamento

■ La pregunta «¿cuál es la voluntad de Dios para mi vida?» es una parte distintiva de la cultura evangélica cristiana norteamericana. El enfoque en la pregunta a menudo gira alrededor de «mi vida». Esto refleja la generación del «yo» de la cultura occidental. Esto proviene de la intensa demanda de una experiencia religiosa «privatizada» resultante de una cristiandad occidental que bebe demasiado de los pozos de su propia cultura. Entre los cristianos existe hoy la suposición casi inconsciente de que su vida personal está en el centro de lo que es importante en el universo. «Iglesias estilo centros comerciales» surgen para satisfacer todas nuestras demandas. Una atención excesiva a la mentalidad del consumidor cristiano se ha convertido en el valor central de muchos ministerios.

Esta mentalidad individualizada influye la manera en que algunos entienden la idea bíblica de «la voluntad de Dios». Realmente Dios tiene una voluntad para mi vida, pero la

Biblia, no la cultura, debe definir lo que esto significa. Los mandamientos de Dios y los valores que se derivan de estos constituyen una voluntad personalizada para cada criatura bajo el cielo. Muchos creyentes pierden la voluntad de Dios por estar buscando en el lugar equivocado.

El énfasis privatizado de nuestra cultura no es la mentalidad de un creyente del Antiguo Testamento o del Nuevo Testamento. La lucha de los creyentes en cuanto a la voluntad de Dios en los registros bíblicos se centra en el esfuerzo para «hacer» la voluntad de Dios. Ellos no modelan un proceso de «encontrar» la voluntad de Dios, porque ya la recibieron. Ellos comprendieron que la voluntad de Dios es el equivalente de la verdad y de los patrones de conducta que él reveló como sus deseos para su pueblo. Ellos estaban más preocupados con aumentar su comprensión de la revelación de Dios y vivir las normas que sabían que complacían a Dios que en obtener información adicional acerca del futuro.

COMPRENDER LA «VOLUNTAD DE DIOS» EN EL NUEVO TESTAMENTO

El Nuevo Testamento proporciona una información lingüística concentrada para estudiar qué significa la voluntad de Dios. Cuarenta y nueve textos en el Nuevo Testamento contienen el sustantivo *voluntad* con una designación divina (ejemplo: «la voluntad de Dios», «la voluntad del Señor», «tu voluntad», etc.). Los escritos de Pablo brindan veinte ejemplos y el resto está esparcido en el Libro de Mateo (cinco), Marcos (uno.), Lucas (dos), Juan (siete), Hechos (dos), Hebreos (cinco), Pedro (cuatro), 1 Juan (dos) y Apocalipsis (uno).

Podemos agrupar estos ejemplos en categorías que describen su uso. Un análisis así es un primer paso para organizar la información. He mantenido una lista sencilla para ilustrar el proceso de hacer un estudio de la palabra en la Biblia.

1. La conformidad para hacer la voluntad de Dios es una evidencia de ser un miembro de la familia de Dios (Mateo 7:21; 12:50; Marcos 3:35).

2. La voluntad de Dios es el programa declarado de Dios (relacionado con la soberanía y se combina con la categoría 3. Mateo 26:42; Juan 6:38-40; Hechos 13:36; Romanos 9:19; Gálatas 1:4; Efesios 1:5, 9-10).

3. La voluntad de Dios reconoce que Dios controla las circunstancias (Hechos 21:14; Romanos 1:10; 15:32; 1 Pedro 3:17; 4:19).

4. La frase prominente: «por la voluntad de Dios», expresa la idea «de acuerdo a la voluntad de Dios» (1 Corintios 1:1; 2 Corintios 1:1; 8:5; Efesios 1:1; Colosenses 1:1; 2 Timoteo 1:1; Apocalipsis 4:11).

5. El verbo *hacer* domina las referencias a la voluntad de Dios. El contexto indica que *hacer* significa conformar la actitud y conducta de uno a lo que ya se conoce (cf. categoría 1. Mateo 21:31; Lucas 12:47; Juan 4:34; 5:30; 6:38; 7:17; 9:31; Hechos 13:22; Efesios 6:6; Hebreos 10:7, 9, 36; 13:21; 1 Juan 2:17).

6. La voluntad de Dios está declarada o ya se conoce, incluyendo las exhortaciones para saber o entender, y por lo tanto, solo requiere nuestra obediencia (Mateo 18:14; Romanos 12:2; Efesios 5:17; Colosenses 1:9; 4:12; 1 Tesalonicenses 4:3; 5:18; 1 Pedro 2:15).

7. La voluntad de Dios está en contraste con la voluntad del hombre (1 Pedro 4:2).

8. La voluntad [¿soberana?] de Dios como una norma para orar (Mateo 6:10; Lucas 11:2; 22:42; 1 Juan 5:14).

Esta información nos da varias aseveraciones importantes acerca de la voluntad de Dios en el Nuevo Testamento.

La frase «la voluntad de Dios» se usa para referirse a la soberana voluntad de Dios

La soberanía de Dios es una idea derivada de la enseñanza bíblica que dice que Dios es el ser supremo del universo. Dios está en una clase diferente a su creación. Dios es el director supremo e independiente y la autoridad para toda la realidad creada. Cómo la soberanía de Dios se aplicó a su creación es un asunto que la misma Biblia debe definir.[1]

Al igual que en el Antiguo Testamento, una porción importante de cómo el Nuevo Testamento representa la voluntad de Dios se deriva del concepto de la soberanía de Dios. La venida de Jesús a la tierra para cumplir el plan redentor era parte de la voluntad soberana de Dios (Juan 6:38-40). La muerte de Cristo como necesaria para cumplir el plan de salvación estaba claro en la mente de Jesús (Mateo 26:42). Los apóstoles vieron la salvación, mediante la obra redentora de Cristo, como un aspecto de la voluntad soberana de Dios (Gálatas 1:4; Efesios 1:3-10). Las prerrogativas de la soberanía de Dios eran fundamentales para la comprensión de Pablo de la gracia salvadora de Dios a los gentiles (Romanos 9:19, en su contexto).

La Biblia nos llama a tener una cosmovisión centrada en Dios. Esto se refleja en la declaración acerca del control de Dios en las circunstancias de la vida. Santiago 4:15 exhortó a un antiguo grupo de creyentes que suponían que ellos dirigían las circunstancias de su propia vida. Los instó para pausar y reconocer que «Si esta es la voluntad del Señor, viviremos y haremos esto o aquello». Pablo deseaba profundamente ir a Roma. Sin embargo, él reconoció que esa visita tenía que coincidir con el control de Dios en las circunstancias de su vida (Romanos 1:10; 15:32).

El viaje de Pablo a Jerusalén presenta un caso muy interesante de la voluntad soberana de Dios con relación a las circunstancias de la vida de Pablo (Hechos 20–21). Pablo había decidido que él necesitaba estar en Jerusalén el día de Pentecostés (20:16). Esto se convirtió en una convicción decidida para él, una convicción que él atribuyó al Espíritu (20:22), sin ponerlo en un contexto de revelación especial. Su carga llegó a ser conocida y él mismo creyó que este viaje traería un fin a su libertad (20:22-24). A medida que pasaba por lugares y visitaba a los convertidos, ellos «por medio del Espíritu» (21:4), discutieron con Pablo acerca de su decisión de ir a Jerusalén. Ágabo, un profeta reconocido, profetizó gráficamente el encarcelamiento de Pablo (21:10-11). Sobre las bases de esta revelación divina acerca de las circunstancias de la vida de Pablo, los creyentes discutieron todavía más con Pablo acerca de sus planes. Aunque el contenido de Hechos está abreviado, ellos deben haber discutido estos asuntos con Pablo durante un largo tiempo y con mucha pasión. Sin embargo, Pablo permaneció firme en su decisión a pesar de la muy rara ventaja de conocer la voluntad soberana de Dios por adelantado (21:12-17). Por último, los amigos de Pablo renunciaron a interferir con la voluntad soberana de Dios (21:14).

La de Pablo estaba condicionada por la sumisión al plan divino de Dios. Anteriormente él había predicado acerca de la vida del Rey David como un ejemplo del control de Dios sobre todo el mundo de uno (Hechos 13:36). La versión Reina Valera del '60 traduce este texto como «según la voluntad de Dios», y la Nueva Versión Internacional lo traduce como el «propósito de Dios». Aquí la palabra griega se puede traducir de las dos formas, pero es un término más enfocado que denota la determinación directa de Dios y por lo tanto la Nueva Versión Internacional escoge el término *propósito* (cf. Hechos 2:23). La perspectiva de que las circunstancias de nuestra vida, incluso nuestra vocación, son una parte de la voluntad definida de Dios también se refleja en la frase a menudo repetida «según la voluntad de Dios». Pablo usa esta frase en particular para justificar el nombramiento que Dios le da a Pablo como apóstol (1 Corintios 1:1; 2 Corintios 1:1;

8:5; Efesios 1:1; Colosenses 1:1; 2 Timoteo 1:1; cf. Apocalipsis 4:11).

Pedro le escribió a una comunidad que estaba pasando algunas pruebas severas. Ellos enfrentaban situaciones de amenazas de vida y amenazas de daños físicos. Pedro recurre a la voluntad soberana de Dios como una forma para llevar razonamiento divino al sufrimiento humano (1 Pedro 4:19). Pedro usó a Cristo como un ejemplo de uno que hizo el bien y, sin embargo, por consecuencia sufrió dentro de la voluntad de Dios (1 Pedro 3:17). A la audiencia de Pedro le dio algún consuelo saber que hacer el bien no era un pase para evitar el sufrimiento. Los cristianos primitivos eran capaces de aceptar esto aunque Dios era capaz de intervenir para el beneficio de ellos, pero estaba bien si él decidía no hacerlo. La decisión de Dios era parte de su soberana discreción y no contradecía su bondad.

Ver a Dios como un soberano sobre las circunstancias de la vida es un aspecto importante de una cosmovisión bíblica. En este sentido la presencia de Dios no alivia la responsabilidad humana. Otras categorías de la voluntad de Dios tratan nuestra responsabilidad.

La frase «la voluntad de Dios» representa la enseñanza moral de Dios

En el Antiguo Testamento, la voluntad de Dios era equivalente a su ley en la comprensión de los creyentes del Antiguo Testamento. Si le preguntáramos a los creyentes del Antiguo Testamento: «¿Tú conoces la voluntad de Dios para tu vida?», ellos nos mirarían un poco raro y dirían: «¡Desde luego!» Entonces nos dirán que la voluntad de Dios para su vida es amar a Dios y amar a sus semejantes mientras que obedezcan sus mandamientos. El patrón del Nuevo Testamento es el mismo. Las frases y oraciones que representan este tema pueden diferir un poco entre los testamentos debido al tiempo y a la cultura, pero las ideas son las mismas.

En el Nuevo Testamento a menudo la voluntad de Dios es equivalente a sus enseñanzas. En Romanos 2:17-18, Pablo muestra la relación con el Antiguo Testamento cuando concluye que la voluntad de Dios y la ley son equivalentes. Pablo le da un alto valor a la Palabra de Dios, viendo la posesión de la Palabra revelada como el mayor privilegio de un judío (Romanos 3:1-2). Otros ejemplos de igualar la voluntad de Dios a la enseñanza bíblica incluyen textos donde la declaración «esta *es* la voluntad de Dios» va seguida de la enseñanza moral. Esto se observa en 1 Tesalonicenses 4:3-8: «La voluntad de Dios es que sean santificados; que [cumplan estas instrucciones morales]». Primera a Tesalonicenses 5:18 concluye una serie de exhortaciones con «porque esta es su voluntad para ustedes en Cristo Jesús». Primera de Pedro 2:15, en medio del contexto de una exhortación moral, declara: «Porque esta es la voluntad de Dios: que, practicando el bien, hagan callar la ignorancia de los insensatos». En estas clases de contextos el contenido de la voluntad de Dios es la enseñanza en los mismos textos.

Los Evangelios contienen una declaración que a menudo le causa problema al lector informal. Mateo 7:21 declara: «No todo el que me dice: "Señor, Señor", entrará en el reino de los cielos, sino sólo *el que hace la voluntad de mi Padre* que está en el cielo» (énfasis del autor) (cf. Mateo 12:50; Marcos 3:35). Algunos luchan para explicar que esta frase no contradice Efesios 2:8-9, donde Pablo niega las obras como un medio para la gracia pero lo ve como un producto de la gracia (Efesios 2:10). No hay conflicto entre Jesús y Pablo; ellos están observando los dos lados de una moneda. En los Evangelios, Jesús declara que la conformidad a la voluntad revelada de Dios, en particular su enseñanza moral, es una evidencia de la verdadera salvación. Los falsos profesores que hablan en el nombre del Señor pero no muestran la evidencia de la salvación en sus vidas no engañan a Dios ni tampoco entrarán en el cielo. Jesús y los autores de los Evangelios muestran la salvación de manera muy similar al Antiguo Testamento. Ellos ven la justicia como un acto de obediencia a la enseñanza de Dios. Pablo tiende a imaginar la salvación desde el punto de vista legal, indicando cuál es nuestra posición legal ante Dios. La declaración de los Evangelios acerca de «aquel que haga la voluntad de mi Padre» une la voluntad de Dios a los mandamientos de Dios. Estos son equivalentes.

El hecho de que la voluntad de Dios constituye su enseñanza explica la presencia del verbo *hacer* como el verbo dominante en los pasajes de «la voluntad de Dios». Contrario al común estereotipo acerca de la voluntad de Dios, la Biblia nunca exhorta a un creyente a «buscar» la voluntad de Dios. No hay necesidad de buscarla porque nunca estuvo perdida. Quizás la razón por la cual a menudo consideramos como que no podemos «encontrar» una respuesta a nuestras preguntas es porque estamos exigiendo que la Biblia produzca información que no se diseñó para producirse. Si nosotros procesamos nuestras preguntas adecuadamente, estas se contestarían por sí solas, porque las respuestas afloran cuando un punto de vista bíblico está bien comprendido. Se nos exhorta constantemente a «hacer» la voluntad de Dios, suponiendo un depósito de conocimiento al cual el creyente puede responder. Hacer la voluntad de Dios no es la búsqueda de una información no revelada con el fin de tomar una decisión. Por el contrario, debemos conformar nuestras actitudes y conducta a lo que ya Dios enseñó en su Palabra. Esto es parte de la estructura de las enseñanzas de Jesús (Mateo 21:31; Lucas 12:47; Juan 4:34; 5:30; 6:38; 7:17; 9:31) y de los apóstoles (Efesios 6:6; Hebreos 10:7, 9. 36; 13:21; 1 Juan 2:17).

Una lectura superficial de pasajes acerca de «la voluntad de Dios» que emplean verbos como *saber, tener la plenitud de, o entender* hizo que algunos pensaran que estos términos son sinónimos de *buscar*. Sin embargo, en el contexto bíblico no es cierta dicha comprensión. Estas exhortaciones no son invitaciones para obtener nuevas revelaciones sino que apelan a comprometerse con la información que ya está disponible. El contexto de esta clase de frase por lo general define el asunto y se enfoca en el desarrollo del creyente en obediencia a la verdad revelada de Dios.

Cómo los pasajes del Nuevo Testamento exhortan la adquisición de la voluntad de Dios

Las exhortaciones del Nuevo Testamento para «conocer», «tener la plenitud de» o «entender» la voluntad de Dios necesitan una atención especial. Dichos pasajes requieren que el lector entienda el lenguaje religioso de Pablo en el contexto de una epístola, una carta de una persona a otra. Piensa en una epístola como una conversación por teléfono de una sola vía. Pablo está llamando a sus amigos, con quienes él ya compartió mucha información y les recuerda las instrucciones anteriores. Cuando Pablo hace una breve declaración en una carta, imagina que los recipientes ya conocen la información que él solo necesita mencionar. Ellos se entienden mutuamente, pero nosotros solo tenemos la conversación del lado de Pablo. Por lo tanto, debemos estar conscientes de la reserva del conocimiento que se da por sentado entre estas dos partes. Vamos a repasar algunos pasajes clave con estos asuntos en mente. Colosenses nos provee un buen ejemplo.

> Por eso, desde el día en que lo supimos no hemos dejado de orar por ustedes. Pedimos que Dios les haga conocer plenamente su voluntad con toda sabiduría y comprensión espiritual, para que vivan de manera digna del Señor, agradándole en todo. Esto implica dar fruto en toda buena obra, crecer en el conocimiento de Dios y ser fortalecidos en todo sentido con su glorioso poder. Así perseverarán con paciencia en toda situación, dando gracias con alegría al Padre. Él los ha facultado para participar de la herencia de los santos en el reino de la luz.
>
> COLOSENSES 1:9-12

La oración de Pablo es que los colosenses tengan la «plenitud» del conocimiento de la voluntad de Dios. El término plenitud o estar lleno es una metáfora que necesita explicación. El sentido literal de plenitud es «aumentar el contenido de una vasija» y este no es el sentido de la declaración de Pablo. A menudo el lenguaje religioso de Pablo hace un uso especial de esta metáfora. Él habla de estar lleno de maldad (Romanos 1:29), conocimiento (Romanos 15:14), comodidad (2 Corintios 7:4), el Espíritu (Efesios 5:18), los frutos de justicia (Filipenses 1:11) y gozo (2 Timoteo 1:4). Estos contextos casi son lo que caracterizan nuestras vidas. *Caracterizar* es la mejor explicación de la metáfora de *Plenitud* en Colosenses 1:9. Pablo deseaba que las vidas de estos creyentes se caracterizaran por la verdad espiritual que ya ellos conocían. En Colosenses 1:3-8, Pablo dejó claro que los protegidos de Pablo, Epafras (1:5-7), le enseñaron la verdad de Dios a los creyentes colosenses y que ellos habían ejemplificado esa verdad a todos los santos (1:4). Ahora él ora por los colosenses para continuar y aumentar lo que ya era una realidad. La aplicación de la Palabra de Dios cumple la exhortación de Pablo para «que vivan de manera digna del Señor, agradándole en todo. Esto implica dar fruto en toda buena obra, crecer en el conocimiento de Dios» (1:10).

El uso que Pablo da a *llenar* como una metáfora de caracterización también se ilustró en Efesios 5:17-18: «entiendan cuál es la voluntad del Señor … sean llenos del Espíritu». En este caso, «entiendan» no es un mandamiento para encontrar algo sino para considerar qué se va a declarar. El foco está en lo que se anuncia como la voluntad del Señor, en particular «sean llenos del Espíritu». A menudo se dice que *lleno* significa «control» en Efesios 5:18. Pero esta representación no ayuda al lector a cumplir este mandamiento. El significado de *caracterizar* puede verse al comparar el uso de *lleno* en Hechos 9:36. Hechos relata la historia de Dorcas, una discípula que particularmente se conocía por sus buenas obras. La traducción literal del versículo 36 es que «esta mujer estaba llena de buenas obras» (nota la traducción interpretativa de la NVI: «Ésta se esmeraba en hacer buenas obras»). No quisiéramos decir que Dorcas estaba *controlada* por este estilo de vida piadoso. Por el contrario, ella se *caracterizaba* por este estilo de vida piadoso. Estar lleno del Espíritu se entendía mejor como estar caracterizado por la clase de vida que el Espíritu promueve, una vida vivida de acuerdo al patrón de conducta que promueve la enseñanza moral de la Biblia.

Muchos cristianos tienen una idea errónea acerca de estar llenos del Espíritu. Es una experiencia «increíblemente deliciosa» que todos deseamos pero que no todos sabemos cómo hacerla una realidad. Esta ambigüedad no fue la intención de Pablo. Él usó esta metáfora para animar a sus lectores a mostrarse, a caracterizarse por la enseñanza bíblica de manera que podamos reflejar la imagen de Dios aquí en la Tierra. Compara Efesios 5:18 con Colosenses 3:16, donde estar lleno del Espíritu se reemplaza por «Que habite en ustedes la palabra de Cristo con toda su riqueza».

La referencia de Pablo a «conocer plenamente su voluntad» (Colosenses 1:9) le recuerda al lector Romanos 2:18, donde Pablo refleja que los judíos conocían «su voluntad». Estas clases de expresiones representan información que la audiencia posee, no algo que ellos tienen que buscar. Colosenses 4:12 también nos recuerda el uso del Antiguo Testamento de *voluntad* como el equivalente de la Palabra de Dios. Epafras ora pidiendo que ellos «puedan estar firmes en toda la voluntad de Dios, maduros y completamente seguros». El deseo de Epafras era que estos creyentes crecieran en sus convicciones acerca de lo que ya sabían. Ellos no necesitaban más información para conocer o hacer la voluntad de Dios. Ellos solo necesitaban mantener y fortalecer su convicción interna para vivir como les habían enseñado (vuelve a leer Colosenses 1:6-7).

Podemos fortalecer nuestra comprensión del lenguaje religioso en Colosenses 1:9 al compararlo con Filipenses 1:9-

11, donde Pablo dice lo mismo en palabras diferentes sin la fórmula de «la voluntad de Dios».

> Esto es lo que pido en oración: que el amor de ustedes abunde cada vez más en conocimiento y en buen juicio, para que disciernan lo que es mejor, y sean puros e irreprochables para el día de Cristo, llenos del fruto de justicia que se produce por medio de Jesucristo, para gloria y alabanza de Dios.

Aquí, Pablo usa el lenguaje de estar «llenos del fruto de justicia» en lugar de estar llenos del conocimiento de la voluntad de Dios. ¿Pensó Pablo que estas distintas variantes de fraseología expresaban dos ideas completamente diferentes? Yo no lo creo. Si pudiéramos sentarnos y discutir esto con Pablo, él diría que en ambos lugares quiso decir lo mismo. Él sintió la preocupación de que ambos grupos de creyentes progresaran al aplicar la verdad de Dios a la vida. Esto fue una verdad que ya se había revelado y ellos lo sabían. Ahora él los urge a aumentar la manera en que sus vidas caracterizaban la enseñanza moral de Dios. Abundar en el conocimiento y en el buen juicio (Filipenses 1:9) es el resultado de seguir la mente transformada de Romanos 12:1-2. Discernir qué decisiones tomar en la vida no es un proceso mágico sino la adquisición, proceso y aplicación constante de la Palabra de Dios (Filipenses 1:10).

Una mirada más cercana a los pasajes que acabamos de ver ilustra que esas referencias a la voluntad de Dios están en el contexto donde se exhorta a los creyentes a vivir de acuerdo a lo que ellos conocen. A ellos se les enseñó una información adecuada acerca de lo que Dios requiere y solo necesitan aumentar su compromiso para hacer la voluntad de Dios. Por lo tanto, el discernimiento es cuestión de aplicar la verdad. El Nuevo Testamento nunca explica el discernimiento de tomar decisiones como una especie de búsqueda de nueva información. La voluntad de Dios no es algo que necesitemos encontrar, se descubre en la aplicación de la verdad revelada para la vida cotidiana. Esto es cierto para el creyente individual y para la iglesia como una comunidad incorporada. Las decisiones que observamos en el Libro de los Hechos se derivaron de la discusión de la iglesia y el consenso de la comunidad bajo la convicción del Espíritu.

CONCLUSIÓN

Los textos del Nuevo Testamento que tratan directamente el tema de la voluntad de Dios reflejan el mismo patrón que el Antiguo Testamento. Dios tiene una voluntad soberana y moral. Su voluntad *soberana* se refleja en la provisión de un plan redentor y la supervisión general de las circunstancias de la vida. Los cristianos primitivos no buscaron saber el contenido de las acciones soberanas de Dios, ellos solo se sometieron a ciertas circunstancias en la vida como parte del control general de Dios. Ellos ejercitaron su responsabilidad al máximo de sus habilidades y luego descansaron en los resultados como parte del plan de Dios.

La voluntad *moral* de Dios se presentó en la enseñanza bíblica acerca de las actitudes y conducta. Se dan los mandamientos y exhortaciones acerca de vivir, y entonces los creyentes son responsables de transformar sus vidas en conformidad con las enseñanzas de Dios. Estar de acuerdo con esta enseñanza se convierte en el criterio para evaluar la salvación y espiritualidad de uno. El Nuevo Testamento no presenta un modelo de búsqueda de la voluntad de Dios para tomar decisiones. Por el contrario, el patrón es responder a la enseñanza bíblica y usar esa enseñanza para ordenar nuestras vidas.

Sin embargo, esto no es todo lo que hay que hacer para discernir la voluntad de Dios para nuestras vidas. Muchas de las decisiones con las cuales luchamos no caen convenientemente en las declaraciones directas de las Escrituras. Las decisiones acerca de qué casa, auto u ordenador comprar y cuándo gastar el dinero no requieren un texto de prueba bíblico, aunque nuestros valores sí afectarán estas decisiones. Tampoco la Biblia sugiere que apelemos a Dios para revelar su soberana voluntad o darnos una perspectiva omnisciente del futuro. Debemos procesar los asuntos de la vida desde una cosmovisión y sistema de valores bíblicos. De la enseñanza bíblica aprendemos a derivar razones sensatas para decisiones que no se pueden derivar de un simple texto de prueba. Este proceso es parte del plan de Dios para desarrollarnos según su imagen.

6

¿Son para mí todos los ejemplos de la Biblia?

■ Como pastor y profesor, he tenido una cantidad de experiencias interesantes con las personas y sus percepciones acerca de la voluntad de Dios para sus vidas. Son demasiadas las experiencias que se relacionan con una mala interpretación acerca de la voluntad de Dios. Una vez yo estuve involucrado en una situación de consejería con un joven que estaba obsesionado con cierta muchacha. Él estaba convencido de que Dios la había llamado a ella a casarse con él. Me planteó varias razones por las cuales creía que esto era cierto. Sus razones estaban relacionadas con la aplicación de ciertos ejemplos del Antiguo Testamento donde Dios lidiaba con una cierta persona en una cierta manera. Él decía que Dios le había dado una cantidad de señales que identificaban a esta mujer como la señalada. Por desgracia, ¡ella no había obtenido el mismo mensaje! Al principio esto era simpático. Pero pronto dejó de serlo cuando este joven comenzó a acechar a la joven en un esfuerzo por llevarla a la conformidad con su punto de vista de la voluntad de Dios. Finalmente la policía tuvo que intervenir. Incluso después de esta medida, yo seguí recibiendo llamadas ocasionales por las noches, en momentos fuera de lo normal, de este pobre hombre acerca de su necesidad de forzar la voluntad de Dios.

En otra ocasión, en un seminario acerca de la voluntad de Dios, una joven testificó en cuanto a por qué ella nunca había tenido un accidente de auto en el camino entre la escuela y el trabajo. Ella dijo la frase: «guiándome Jehová en el camino» (Génesis 24:27, RVR). Ella habló acerca de lo sensible que era a las impresiones sobre cuál camino escoger en cada señal de parada. Nunca haber tenido un accidente era una prueba para ella de que Dios la guiaba. Yo creo que sus viajes diarios por lo menos eran pintorescos.

Estos parecen ser ejemplos extremos, pero creo que son muchos los cristianos que se pueden identificar con los métodos en los que se basan. Ahora necesitamos revisar algunos de los ejemplos tanto del Antiguo como del Nuevo Testamento que a menudo se utilizan como patrones para buscar la voluntad de Dios.

Algunos han desarrollado modelos para conocer la voluntad de Dios tomando relatos bíblicos de cómo Dios trataba con personas y sucesos relatados en la Biblia y asegurando que hoy debemos hacerlo de esa misma manera. La adaptación de lo que Gedeón dijo: «tenderé un vellón de lana en la era» para conocer la voluntad de Dios, en términos modernos es «probar las aguas». Se nos ha dicho que le debemos pedir a Dios alguna clase de «señal» para que él tenga la oportunidad de «mostrarnos» el camino. Suponemos que los mismos procedimientos que Dios usó para guiar a su pueblo en el pasado, de cierta manera siguen hoy disponibles para nuestro uso. Sin embargo, ¿cuántos creyentes que procuran practicar esas clases de procedimientos se ven frustrados ya sea por un silencio del cielo o por tener malos resultados después de haber tomado una decisión? Tales experiencias por lo general requieren que expliquemos por qué no es culpa de Dios que tomemos malas decisiones. O vivimos negando nuestra ira contra Dios por habernos fallado.

¿Qué podemos aprender de los ejemplos bíblicos? ¿Cómo sabemos si debemos seguir el mismo proceso que observamos en una historia bíblica? Primero, debemos aprender a leer la Biblia en su contexto histórico. Luego necesitamos estar conscientes de cómo tomar los principios de todas las Escrituras sin violar la enseñanza que el pasaje dado intenta darnos.

APRENDER DE NUEVO A LEER LA BIBLIA

Cuando éramos niños, aprendimos una canción en la Escuela Dominical:

> *Todas las promesas en la Biblia son mías,*
> *todos los capítulos, todos los versículos,*
> *todas los renglones.*

Esta canción nos condiciona a leer la Biblia como si fuera una caja plástica de promesas, del tipo «pan de vida» en la mesa de la cocina, en lugar de una historia de cómo Dios lidió con varias generaciones de creyentes. La canción no es cierta. Solo el contexto de cada promesa es lo que determina cuál es su audiencia. No todas las promesas o mandamientos son universales. La historia bíblica es el desarrollo de un diálogo progresivo entre Dios y su pueblo. A medida que cambian las circunstancias, cambian los métodos por el cual el diálogo se lleva a cabo y también el contenido del que somos responsables. La Biblia es un informe exacto del diálogo. Cómo nos relacionamos con los detalles de esta conversación entre Dios y su pueblo es un desafío para la interpretación bíblica y la teología. Todos los cristianos son responsables de usar la Biblia en maneras apropiadas. Esta no es una tarea solo para pastores y teólogos.

Entre los intérpretes de la Biblia se dice que para los pasajes bíblicos «hay una interpretación pero muchas aplicaciones». El problema es que muchas personas hacen cualquier aplicación y pronto el sentido de un texto se convierte en cualquier cosa. Sin embargo, para conseguir una guía confiable de la Biblia, debemos aprender a usar el texto bíblico de una manera apropiada.

¿Cómo nos enseña la Biblia?
(Mediante conceptos directos, implícitos y creativos)

La Biblia se escribió durante un período de mil quinientos años (alrededor de 1450 a.C. hasta 100 d.C.). Se dirigía al pueblo de Dios en lo que ahora vemos como dos audiencias distintas, Israel y la iglesia. ¿Cómo los cristianos de hoy consiguen dirección a partir de un libro escrito hace tanto tiempo y en diversos períodos con autores pensando en destinatarios tan diferentes?

Segunda a Timoteo 3:16 declara: «Toda la Escritura es inspirada por Dios y útil para enseñar, para reprender, para corregir y para instruir en la justicia». Una declaración así nos llama a determinar cómo utilizar toda la Biblia, tanto el Antiguo como el Nuevo Testamento, en el desarrollo de nuestra cosmovisión y valores. Para hacer esto necesitamos una perspectiva de cómo la Biblia nos enseña como un todo al igual que una comprensión de cómo construimos nuestros propios puntos de vista para aplicar su enseñanza a nuestras situaciones.

La Biblia nos enseña brindándonos un informe de cómo Dios ha lidiado con su pueblo a través de la historia redentora hasta cerca del año 100 d.C. Su historia contiene narraciones bíblicas, leyes y mandamientos, reflexiones poéticas inspiradas y otros géneros de literatura. Los cristianos ven las enseñanzas de la Biblia como fidedignas para la vida y práctica, la fe y sus responsabilidades. Todas las comunidades cristianas reconocen una progresión en las Escrituras que define cómo la enseñanza bíblica se debe interpretar y aplicar a las generaciones siguientes tanto en el período de la producción de las Escrituras como más allá de este. Sin embargo, no todas las comunidades están de acuerdo en cómo las enseñanzas pasadas se aplican a la comunidad presente. Las ideas van desde una total continuidad ingenua —todo se aplica ahora como se hizo entonces— a una restricción severa de extraer la enseñanza aplicable de solo unas pocas epístolas de Pablo. Como podrás esperar, el mejor método se encuentra no en los extremos de estas ideas sino en una comprensión razonable de la naturaleza del registro de la historia redentora.

La enseñanza bíblica se observa (material descriptivo) y se obedece (material normativo) sobre las bases de cómo una comunidad de fe entiende la naturaleza normativa de cualquier pasaje dado. Un texto normativo es aquel que contiene un mandato o exhortación que trasciende al tiempo y la audiencia y que requiere la obediencia universal de todo el pueblo de Dios. Un mandamiento como «no robes» es eterno. Sin embargo, un mandamiento de no combinar dos clases de telas, se considera limitado a esta aplicación porque se dirige a ciertos asuntos dentro de un tiempo y cultura limitados. La tarea de la interpretación bíblica determina qué es o no es una enseñanza normativa. Es útil cuando ambos Testamentos dan el mismo mandamiento, pero no se requiere que el Nuevo Testamento repita la verdad normativa del Antiguo Testamento. Las leyes de incesto ilustran este hecho en que el Nuevo Testamento no repite lo que es evidente para todos. Hay un buen acuerdo de unidad en la iglesia acerca de lo que es normativo, pero varias tradiciones debaten ciertos detalles.

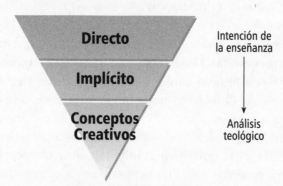

Fig. 9. Tres niveles de enseñanza

La comunidad cristiana desarrolla la enseñanza bíblica en tres niveles: directo, implícito y conceptos creativos. Hay pasajes que hablan directamente a un tema pero se aplican a una época limitada, como este: «No cocerás ningún cabrito en la leche de su madre» (Éxodo 23:19) o «Salúdense unos a otros con un beso santo» (Romanos 16:16; 1 Corintios 16:20; 2 Corintios 13:12; 1 Tesalonicenses 5:26). También hay textos que todos perciben como pasajes que trascienden el tiempo y la cultura. Los ejemplos pueden incluir mandatos escuetos y directos tales como «no mientas», «no robes», «no cometas adulterio», o quizás exhortaciones de Pablo para que las comunidades dejaran los ídolos y siguieran a Jesús. La mayoría de los lectores sienten la diferencia entre la enseñanza que tiene un sentido normativo y las declaraciones que solo se aplican a un tiempo limitado.

También hay un nivel de enseñanza *implícita* que se puede utilizar para representar aspectos cruciales de teología. Por ejemplo, ningún texto en la Biblia declara que hay una Trinidad, pero los eruditos cristianos están de acuerdo en que el concepto de la Trinidad representa correctamente la enseñanza «clara, evidente» de la Biblia acerca del Padre, el Hijo y el Espíritu Santo. Cuando traemos preguntas modernas a la Biblia, a menudo apelamos a la enseñanza implícita de las Escrituras. Asuntos tales como el aborto, la eutanasia y el abuso del cónyuge ilustran la necesidad de esta clase de interpretación de la Biblia.

El tercer nivel de la enseñanza es el desarrollo de los *conceptos creativos*. Esta es la clase de enseñanza que trata el cuadro más general. Los teólogos líderes de las comunidades cristianas ven toda la Biblia y abogan por una cierta perspectiva general de la enseñanza bíblica. Es decir, ellos crean sistemas de teologías con la creencia de que estos explican toda la Biblia. El calvinismo, el arminianismo, la teología del pacto, el dispensacionalismo, milenialismo, perspectivas de consejería y demás son conceptos teológicos creativos que varias comunidades de creyentes aseveran que representan mejor toda la enseñanza de las Escrituras. Cuando uno decide un sistema, la tendencia es leer los detalles de la Biblia desde ese punto de vista.

Muchos cristianos operan con la suposición de que una lectura superficial de la Biblia combinada con «lo que significa para mí» proporciona información exacta para guiar nuestras vidas. Por desgracia, este método simplista degrada las Escrituras y le roban al lector sus tesoros. La vida no es sencilla. Tampoco es sencillo desarrollar un punto de vista bíblico y establecer sus valores. Entender los conceptos generales de la naturaleza de la enseñanza bíblica y cómo nosotros elaboramos esa enseñanza en un modelo ayudan nuestra habilidad para emplear el discernimiento cristiano.

Es para mí o no es para mí, esa es la pregunta (lo normativo y lo descriptivo)

Usar la Biblia como una guía para discernir requiere que ganemos habilidades en comprender lo *normativo* y los *descriptivo* de la Biblia. Es decir, necesitamos entender si un mandamiento, promesa o ejemplo está vigente (normativo) o si el texto simplemente es una constancia de cómo Dios trató con alguien en el pasado (descriptivo). Un texto podría ser normativo durante un período y descriptivo durante otro (por ejemplo, las leyes de la comida y otras estipulaciones sociales). Los Diez Mandamientos de Éxodo 20, por ejemplo, sin duda son normativos en el Antiguo Testamento. Excepto por cómo entender el mandamiento acerca del Sabbat, los Diez Mandamientos siguen siendo normativos. Una prueba para saber si un mandamiento del Antiguo Testamento sigue vigente es ver si el Nuevo Testamento hace una declaración similar, como hace con nueve de los Diez Mandamientos. Esta prueba puede ser demasiado simple porque aceptamos como todavía vigentes muchos de los temas prescritos en el Antiguo Testamento, aunque el Nuevo Testamento no repite la estipulación (por ejemplo, los asuntos de incesto). Algunos mandamientos son obviamente normativos para nosotros debido a nuestra comprensión de la naturaleza de Dios y cómo el todo de la Biblia representa ciertos asuntos. Los pasajes no normativos también pueden proveer principios sobre cómo nosotros lidiamos con la vida actual (por ejemplo, reglas acerca de cómo tratar a los vecinos, empleados, etc.). Los eruditos de la Biblia brindan discusiones considerables acerca de cómo decidir la cuestión a medida que lidiamos con la Biblia y las obligaciones éticas.[1]

Otro ejemplo común a considerar son las leyes del Antiguo Testamento para la comida. Como parte del código de la santidad Dios le dio a Israel un grupo elaborado de leyes para la comida (ver Levítico 11; Deuteronomio 14). Al hacerlo así, Dios prescribió ciertas regulaciones dietéticas, que se convirtieron en la manzana de la discordia durante la transición del judaísmo a Jesús en el período del Nuevo Testamento (ver Hechos 15; Gálatas 2). Para tratar este problema Dios, en Hechos 10, le dio a Pedro una visión que la mayoría está de acuerdo en que transfería las regulaciones del Antiguo Testamento de un status normativo a uno descriptivo. El cambio en la aplicación de las leyes de la comida debió suceder naturalmente a medida que el enfoque cambió de Israel a la iglesia. La visión de Pedro solo acelera el proceso de transición. Las leyes de la comida ya no se usan como un código para la santidad sino que ahora son, para los cristianos, una parte de la historia descriptiva de Israel. Por lo tanto, los cristianos no usan las leyes de la comida para normar las reglas dietéticas de la iglesia, y estos textos no se aplican a nuestras decisiones actuales acerca de la comida.[2]

Las preguntas acerca de si un texto es normativo o descriptivo surgen en conversaciones acerca de si los cristianos deben observar las regulaciones del Sabbat del Antiguo Testamento. Hay muchas diferencias de opiniones acerca de cómo o si tales leyes se transfieren al uso cristiano. Algunos grupos mantienen un patrón de Sabbat los sábados. Otros transfieren ciertas restricciones en un patrón cristiano Sabbat que se aplica al domingo. Otros no ven que se requiera ningún patrón Sabbat. Sin embargo, todos los puntos de vistas se desvían más o menos del Antiguo Testamento original y las estipulaciones judías a medida que crean sus propias interpretaciones. Por consiguiente, cada grupo determina la delineación de textos normativos y descriptivos según esta justifique su posición. Tomar decisiones acerca de este tema ilustra la necesidad del análisis teológico al usar la Biblia como una guía para la vida.

Discernir cómo la Biblia se aplica a nuestras vidas no es una tarea simple. Debemos aprender a apreciar el todo de la Biblia en su desarrollo histórico y cultural. Cuando la Biblia solo está describiendo sucesos en la historia redentora, nosotros no lo abandonamos como material irrelevante. Sin embargo, debemos tener razones para aplicar lo que leemos a nuestras situaciones actuales de la vida. No podemos tratar con la Biblia de la manera en que un ventrílocuo trata con el muñeco, manipulándolo para decir lo que queremos que diga.

Cuando la Biblia se detiene y nosotros comenzamos (determinar la intención de la enseñanza y los análisis teológicos)

Todo texto bíblico tiene un contexto inmediato y un significado en ese contexto. Juntos determinan el significado de un pasaje. Necesitamos entender, tanto como sea posible, el significado original de un texto para contestar la pregunta: «¿Qué intentaba el escritor enseñarnos en este texto en particular?» Cuando determinamos la respuesta, hemos descubierto lo que se conoce como «la intención de la enseñanza» de este pasaje. Es lo que creemos que el autor original intentó enseñar. No obstante, las enseñanzas de la Biblia son mayores que la intención de este contexto individual. Por ejemplo, la Biblia no presenta el asunto del abuso del esposo o del hijo en términos modernos. ¿Quiere eso decir que no podemos aseverar que la Biblia es adecuada para la fe y práctica de todos? No. La iglesia debe llevar los temas de su cultura actual al texto de las Escrituras y hacer lo que llamamos un análisis teológico. Lo que es cierto para la iglesia como una comunidad es también cierto para nosotros como individuos. En un sentido, los análisis teológicos comienzan donde termina la intención de la enseñanza de un pasaje en particular. Los análisis teológicos dan peso a las implicaciones de la enseñanza bíblica sobre las preguntas actuales. Por ejemplo, aunque nosotros no tenemos un texto sobre el abuso, realmente tenemos enseñanza acerca de la dignidad y el respeto requerido que debemos tener para las personas creadas a la imagen de Dios. La Biblia exhorta a la bondad y no a la maldad, a la generosidad y no al egoísmo. De esta amplia enseñanza Dios espera que nosotros usemos el buen sentido que él nos dio para formar creencias acerca de las preguntas y desafíos de la vida.

No lleva mucho tiempo aprender que la intención de la enseñanza de muchos pasajes no tiene que ver directamente con muchas de las cargas de nuestras vidas. En su lugar, debemos lidiar con nuestras preguntas y desafíos mediante reflexiones teológicas mayores. Esta es la esencia de desarrollar el pensamiento en términos de los valores y la cosmovisión. A esto se refiere el mandamiento de ser transformados por la renovación de nuestras mentes.

LECTURA DEL ANTIGUO TESTAMENTO

Los libros acerca de conocer la voluntad de Dios a veces declaran que los ejemplos de cómo Dios guió en tiempos pasados a los creyentes en la actualidad se aplican como patrones prescritos. Estos ejemplos con frecuencia se escogen por causa de ciertas frases en el texto que se pueden usar para promover métodos que obtengan la guía de Dios. Sin embargo, casi todos entienden que los detalles de las historias de personas como Moisés, Josué y Elías son descriptivos de los sucesos especiales en la historia redentora en lugar de normativos. Vamos a examinar unos cuantos ejemplos clásicos que a veces se usaron en la literatura de orientación para promover puntos de vistas particulares de la búsqueda de la voluntad de Dios.

Una novia para Isaac

La historia de cómo Abraham obtiene a Rebeca para Isaac en Génesis 24 a menudo se usa como un ejemplo de la dirección de Dios. Mandaron al siervo de Abraham en un viaje para buscarle una esposa a Isaac. En el proceso, él oró pidiéndole a Dios que lo guiara ordenando las circunstancias de cierta manera.

> Entonces comenzó a orar: «SEÑOR, Dios de mi amo Abraham, te ruego que hoy me vaya bien, y que demuestres el amor que le tienes a mi amo. Aquí me tienes, a la espera junto a la fuente, mientras las jóvenes de esta ciudad vienen a sacar agua. Permite que la joven a quien le diga: "Por favor, baje usted su cántaro para que tome yo un poco de agua", y que me conteste: "Tome usted, y además les daré agua a sus camellos", sea la que tú has elegido para tu siervo Isaac. Así estaré seguro de que tú has demostrado el amor que le tienes a mi amo».
>
> Aún no había terminado de orar cuando vio que se acercaba Rebeca, con su cántaro al hombro. Rebeca era hija de Betuel, que a su vez era hijo de Milca y Najor, el hermano de Abraham.
>
> GÉNESIS 24:12-15

¿Deben los creyentes hoy adoptar el método de discernimiento del siervo? Si, por ejemplo, tenemos tres ofertas de trabajo, ¿debemos orar para que la voluntad de Dios haga que nos llamen primero del bueno, o quizá en segundo lugar para que sea más específico? O, ¿debemos elegir un cónyuge de una manera similar? Si tú respondes que sí, entonces estás tomando esto como un pasaje normativo. Si no, entonces tú lo entiendes como descriptivo y debes extraer la sabiduría de este texto de una manera menos directa.

Varios aspectos interesantes de Génesis 24 apoyan que Abraham estuvo operando desde una perspectiva de valores basados en la revelación directa de Dios a él. Su preocupación principal era que Isaac mantuviera la línea de la familia porque la promesa que Dios le hizo a Abraham acerca de su simiente (Génesis 12:1-3) dependía de esto. Abraham actuó para proteger esta promesa y envió al siervo a la casa de la familia (24:4). Este no era un viaje al azar, no serviría ningún otro lazo. El siervo estaba pescando en el lugar apropiado. Todavía más, este no es un suceso cualquiera. Este es un suceso importante para la historia redentora sobre la cual Dios ejercita el control soberano. Abraham y el siervo cumplieron el mandamiento moral de Dios al ir a la tribu de su origen. La oración del siervo era un aspecto de sumisión al plan de Dios. Colocar a Rebeca en el lugar correcto y a la hora precisa era parte del control providencial de Dios para estas circunstancias. Este es un hermoso relato de la gracia de Dios en la historia redentora. Este no es un pasaje que intenta prescribir que las generaciones futuras utilicen los mismos métodos. Sin embargo, sí nos enseña a mantener los valores bajo los cuales somos llamados si vamos a colocarnos donde Dios nos pueda bendecir.

El vellón de Gedeón

Otra historia del Antiguo Testamento que a menudo la gente imita para determinar la voluntad de Dios se encuentra en Jueces 6, la historia de Gedeón tendiendo «un vellón de lana en la era». Gedeón era un guerrero y una persona especial que amaba a Dios (v. 12). También fue difícil convencerlo de que

Dios realmente estaba con él en la empresa que el ángel del Señor le dio. Gedeón comenzó por pedirle al ángel una señal inicial de un sacrificio que consumió el fuego (vv. 20-22). Él estaba impactado con las historias que había escuchado acerca de los milagros de Dios en el Éxodo y quería alguna confirmación externa de la presencia de Dios (v. 13). Quizás su primera petición de una señal no fue tan irrazonable. Pero exigir señales externas para creer parece ser un patrón con Gedeón, un rasgo que con el tiempo se convirtió en un problema (ver Jueces 8:25-27). No obstante, Dios se acomodó a la incredulidad de Gedeón cuando este repetidamente usó el vellón del cordero para discernir la realidad de la comunicación de Dios con él (6:36-40). Dios hizo que este se mojara o secara como pidió Gedeón. Dios fue tan misericordioso que dio una señal no pedida para dar aliento extra (ver Jueces 7:13-15).

De nuevo nos preguntamos: «¿Debemos seguir el método de Gedeón como un ejemplo normativo de cómo discernir la voluntad de Dios?» No hay indicios en este contexto de que otros deban usar estos métodos. Pasajes subsecuentes de las Escrituras no contienen ilustraciones del mismo procedimiento ni tampoco hay ninguna referencia a este hecho como un modelo. Entonces, ¿por qué debemos ver la conducta de Gedeón como algo más que descriptivo de este hecho que ocurre una sola vez?

Declaraciones con terminología de orientación

Varios pasajes en el Antiguo Testamento usan términos tales como *guiar, dirigir, instruir* y *buscar*. Estos textos a veces son transferibles, para una lectura superficial, en consejos acerca de cómo saber la voluntad de Dios. El uso de estos versículos con frecuencia depende del uso de una traducción antigua (como la versión *King James*) ya que las traducciones posteriores han escogido palabras diferentes para traducir el hebreo. Debes saber que muchos estereotipos de «la voluntad de Dios» están enlazados a las traducciones antiguas. Las traducciones modernas con frecuencia han cambiado las palabras. Esta sustitución a menudo ligera de palabras puede marcar una gran diferencia en cómo un versículo se percibe en una lectura superficial. Vamos a examinar algunos ejemplos.

Proverbios 3:5-6 es un ejemplo clásico de una transferencia ilegítima de lenguaje externo a nuestra cultura sin considerar el contexto original.

> *Fíate de Jehová de todo tu corazón,*
> *Y no te apoyes en tu propia prudencia.*
> *Reconócelo en todos tus caminos,*
> *Y él enderezará tus veredas.*
>
> PROVERBIOS 3:5-6, RVR

La lectura estereotípica de este pasaje es que si dejamos de procurar explicar la vida («y no te apoyes en tu propia prudencia») y solo confiamos y reconocemos que Dios es y que él ama y controla el mundo y nuestras vidas, entonces disfrutaremos la guía directa de Dios en nuestras vidas («Y él enderezará tus veredas»). Se supone que esta directriz es alguna clase de información directa de Dios para nosotros acerca de lo que debemos hacer en una situación dada como un premio a nuestra confianza en él. También hay una suposición sutil que un vacío mental es un principio de espiritualidad. Esta clase de lectura de Proverbios 3 pierde la intención de la enseñanza del texto y nos guía a un proceso subjetivo de discernimiento. «Confiar» se convierte en una clase de actitud de «soltar el control y dejar que Dios lo haga a su manera». Una actitud contraria al significado bíblico de confiar en Dios.

La clase de confianza que Dios requiere y la dirección que él provee se aclara cuando se entiende el contexto de Proverbios 3. Proverbios 3:1-12 es parte de una serie de poemas en los capítulos 1–9. Este es un poema de «sabiduría que instruye», donde el padre está enseñando al hijo las regulaciones acerca de la vida. Los versículos 1-2 establecen el tono:

Hijo mío, no te olvides de mi ley,
*   y tu corazón guarde mis mandamientos;*
Porque largura de días y años de vida
*   y paz te aumentarán. (RVR)*

El tono contextual es que el padre está dando sus instrucciones de una generación a la otra. En las Escrituras, la enseñanza del padre es equivalente a la enseñanza de Dios. En el 3:3, el padre elige dos de los grandes valores del Antiguo Testamento, «amor y la verdad» (la traducción NVI de dos términos clave en hebreo que literalmente significan «lealtad de pacto» y «veracidad») como valores que proveen principios de dirección que siempre deben estar presentes con el hijo/creyente. En este contexto, se entiende que «la verdad» es nuestra creencia de que la revelación de Dios acerca de cómo vivir es superior a cualquiera de nuestros conceptos. Cuando la enseñanza de Dios es preeminente, entonces «él allanará tus sendas» (3:6) en el sentido que la verdad de Dios muestra el camino. La enseñanza moral de esta sección de Proverbios no es algo que los creyentes del Antiguo Testamento tienen que buscar. Ya se había establecido en previas enseñanzas divinas. Aquí se vuelve a declarar cuando el padre pasa su sabiduría al hijo.

Los términos de orientación en el Antiguo Testamento consideran que el texto del Antiguo Testamento es el contenido de la orientación. Salmo 23:3, «Me guía por sendas de justicia por amor a su nombre», asegura que la ley de Dios, que constituye las «sendas de justicia», es la dirección de la vida que Dios provee. Salmo 25 está particularmente lleno de terminología de guía. Términos como *mostrar, guiar, enseñar* e *instruir* llenan el salmo.

SEÑOR, hazme conocer tus caminos;
*   muéstrame tus sendas.*

Encamíname en tu verdad, ¡enséñame!
Tú eres mi Dios y Salvador;
  ¡en ti pongo mi esperanza todo el día!
Acuérdate, SEÑOR, de tu ternura y gran amor,
  que siempre me has mostrado;
olvida los pecados y transgresiones
  que cometí en mi juventud.
Acuérdate de mí según tu gran amor,
  porque tú, SEÑOR, eres bueno.
Bueno y justo es el SEÑOR;
  por eso les muestra a los pecadores el camino.
Él dirige en la justicia a los humildes,
  y les enseña su camino.
Todas las sendas del SEÑOR son amor y verdad
  para quienes cumplen los preceptos de su pacto.
Por amor a tu nombre, SEÑOR,
  perdona mi gran iniquidad.
¿Quién es el hombre que teme al SEÑOR?
  Será instruido en el mejor de los caminos.
Tendrá una vida placentera,
  y sus descendientes heredarán la tierra.
El SEÑOR brinda su amistad a quienes le honran,
  y les da a conocer su pacto.

VERSÍCULOS 4-14

¿Cómo se entienden estas plegarias de David? ¿Está pidiendo él más revelación de Dios acerca de situaciones específicas de su vida para tener éxito? ¿Está David buscando algo que dejó de encontrar para vivir una vida que agrade a Dios? No, David usa un lenguaje religioso para meditar en las luchas de la vida y concluye que el Dios del pacto que enseñó a sus hijos sus caminos es la única esperanza para el conocimiento moral y la voluntad para obedecer. Cuando tú intentas vivir de acuerdo a la verdad del pacto de Dios, desarrollas una integridad moral y la justicia que traerá la victoria en medio de la lucha de la vida (Salmo 25:21). El mismo carácter de

Dios: amor, bondad, justicia, fidelidad del pacto, constituye los rasgos morales que David ve como su necesidad (vv. 4-5), como poseídos por Dios (vv. 6-8) y comunicados por Dios para aquellos que lo obedecen (vv. 9-15).

Dios trata las luchas de David mostrándole que la vida está *en* su Palabra, no aparte de esta. Como en muchos de los salmos, la queja de David y el ruego se convierten en reconocimientos y alabanzas porque Dios ya le proveyó lo que él necesitaba en términos del mismo carácter y promesas de Dios. David no necesitaba mirar a otro lugar sino que por el contrario necesitaba comprometerse con lo que Dios ya le había revelado. Los pasajes de la Biblia como Proverbios 3 y Salmo 25 no se deben leer como plegarias por, o promesas de, instrucciones reveladoras adicionales en la lucha de la vida. Por el contrario, los escritores, como sabios maestros, revelan su íntima dependencia del carácter e instrucciones de Dios. Términos tales como *mostrar, enseñar, guiar, dirigir, buscar* e *instruir* no implican un proceso de dirección por revelación inmediata. Por el contrario, en los contextos estos son términos de exhortación que ofrecen sabiduría para la vida por el desarrollo de los valores morales y piadosos basados en lo que ya Dios había revelado. Cuando Salmo 73:24 declara: «Me guías con tu consejo, y más tarde me acogerás en gloria», está asegurando que se debe vivir todo el ciclo de la vida a la luz de la Palabra de Dios. No se puede leer con la creencia de que el «consejo» de Dios se logra a través de otros medios que no sean las Escrituras (cf. Proverbios 2:4-6; 8:17; 9:10).

Cuando Isaías declaró: «tus oídos percibirán a tus espaldas una voz que te dirá: "Éste es el camino; síguelo"» (30:21), no estaba promoviendo una voz inmediata de Dios para guiarlo. Por el contrario, él estaba buscando un día futuro cuando la verdad de Dios y sus enseñanzas traerían una convicción inmediata. Cuando en nuestros días hacemos la pregunta: «¿Qué debo hacer?» La Palabra de Dios todavía quiere responder: «Éste es el camino y estos son los valores que deben guiar tus actos».

LEER EL NUEVO TESTAMENTO

Ya hemos observado cómo la frase «voluntad de Dios» se desarrolló en el Nuevo Testamento. La voluntad soberana y moral de Dios domina pasajes donde hay una referencia directa a este tema. Los mandamientos a adquirir conocimiento de la voluntad de Dios en el Nuevo Testamento son similares a los del Antiguo Testamento: un llamado a comprometerse con la enseñanza de la Biblia y de los apóstoles que existía hasta aquel momento. Ahora consideraremos las historias y los sucesos del Nuevo Testamento para ver cómo los creyentes siguieron la voluntad de Dios. También consideraremos la pregunta de cómo se experimentó la orientación sobrenatural en el Nuevo Testamento y qué significa para los cristianos de hoy.

El ejemplo de Jesús para seguir la voluntad de Dios

El Salmo 40, citado en Hebreos 10:5-7 y aplicado a la vida terrenal de Cristo, resume el ejemplo de Cristo para hacer la voluntad de Dios:

> *Por eso, al entrar en el mundo, Cristo dijo:*
> *«A ti no te complacen sacrificios ni ofrendas;*
>   *en su lugar, me preparaste un cuerpo;*
> *no te agradaron ni holocaustos*
>   *ni sacrificios por el pecado.*
> *Por eso dije: "Aquí me tienes*
> *—como el libro dice de mí—.*
>   *He venido, oh Dios, a hacer tu voluntad."»*

Aquí la referencia a la voluntad de Dios es un ejemplo clásico de que el plan de Dios es la voluntad de Dios. Desde luego, Jesús era único, pero se convirtió en un hombre bajo las expectativas mesiánicas del Antiguo Testamento. ¿Cómo cumplió con esas expectativas? ¿Tuvo que descifrar qué significaba hacer la voluntad de Dios? ¿Tenía que buscarla? No. ¡Él solo obedeció la Palabra de Dios con la aplicación especial de ser su cumplimiento! Como declara Hebreos 5:8-9: «Aunque era Hijo, mediante el sufrimiento aprendió a obedecer; y consumada su perfección, llegó a ser autor de salvación eterna para todos los que le obedecen». Hasta para Jesús, el desarrollo del carácter estaba en el corazón de hacer la voluntad de Dios.

Jesús cumplió la voluntad de Dios sometiéndose al plan soberano y ejemplificando las expectativas morales de las Escrituras. Él nació en Belén en cumplimiento de Miqueas 5:2. Conscientemente vivió el propósito de Siervo del Señor (Lucas 4:14-30). Cumplió el plan de Dios mediante sus elecciones (Mateo 3:13-17; Juan 4:34). Promovió la conformidad a la voluntad moral de Dios para aquellos que seguían sus enseñanzas (Marcos 3:35; Mateo 7:21; Juan 7:16-17; 9:31). Él buscó la enseñanza de las Escrituras para tratar los asuntos de la vida que lo confrontaban (Mateo 4:1-11; 5:17-20; capítulos 5-7). Además, Jesús esperaba que los judíos, a quien Dios lo mandó, supieran lo que la Biblia decía y actuaran de acuerdo a esto (Juan 3; 5:39-40; Lucas 24:25-27). Él insistió en que los que tuvieran una Biblia no solo obedecieran sus enseñanzas explícitas sino que también razonaran de acuerdo a las implicaciones de sus enseñanzas y valores en las circunstancias de la vida (Mateo 23:23; capítulos 5-7; cf. 2 Corintios 3:6). Para Jesús, vivir bajo el plan y la enseñanza moral de Dios y desarrollarlo era la sustancia de hacer la voluntad de Dios.

Jesús pasó su enseñanza a los apóstoles para que a su vez ellos pudieran pasar a la próxima generación (Mateo 28:18-20). Los apóstoles comprendieron la enseñanza de Jesús como crucial y en su lugar enseñaron lo que habían recibido sin abreviarlo (2 Timoteo 2:2).

Ejemplos en el Libro de los Hechos

Como en el Antiguo Testamento, el Nuevo Testamento contiene ejemplos de Dios usando los medios sobrenaturales para guiar a su pueblo. Hechos ofrece los ejemplos más directos de guía sobrenatural a medida que cuenta la historia de la iglesia primitiva desde Jerusalén hasta Roma y más allá. El libro se enfoca en personas y hechos clave en esta fase de la historia redentora, contando la historia desde la perspectiva divina de la obra del Espíritu Santo para esparcir la iglesia.

En Hechos 1:21-26 se presentó la última referencia bíblica para la práctica antigua de echar suertes al tomar una decisión. Dos candidatos estaban presentes para ocupar la posición apostólica que Judas abandonó. Escogieron a Matías. Esta es la primera y última mención de Matías en la Biblia. Este suceso es típico del método de echar suertes. Se hizo una elección entre las opciones calificadas y luego se vieron los resultados como la voluntad soberana de Dios.

Dios orquestó directamente varios sucesos en Hechos. Dios inició estos sucesos a medida que se desarrollaba su obra redentora. Estos ejemplos no encajan en un modelo de buscar conocimiento para tomar una decisión pero una vez más ilustran el control soberano de Dios sobre el desarrollo de su plan. Los sucesos principales incluyen los siguientes:

> *Felipe y el etiope (Hechos 8:26-40)*
> *La conversión de Pablo (Hechos 9)*
> *Ananías (Hechos 9:10-19)*
> *La visión de Pedro (Hechos 10)*
> *La profecía de Ágabo en cuanto a una gran hambre (Hechos 11:27-30)*
> *Pedro se escapa de la prisión (Hechos 12)*
> *Bernabé y Saulo (Hechos 13:1-3) … y aspectos de los viajes misioneros de Pablo*

¿Tenían estos ejemplos la intención de ser modelos normativos para que los creyentes futuros entendieran la dirección divina? ¿Está el Libro de los Hechos prescribiendo cómo debemos operar o está describiendo qué sucedió en ese marco de tiempo? Hechos es una historia, no un manual; es primeramente descriptivo en lugar de normativo. En el Libro de los Hechos no vemos mandamientos para duplicar los métodos, solamente la historia de cómo la iglesia comenzó a cumplir la Gran Comisión que dio Jesús (Mateo 28:18-20).

Una manera normal de leer Hechos es comprender los ejemplos narrativos como descriptivos. Al mismo tiempo, durante este periodo, Dios se comunicó con su pueblo de maneras sobrenaturales (ver 1 Corintios 12–14). Este es un elemento de la revelación continua que fue parte del periodo apostólico. La continuación o cese de los procesos reveladores directos es un asunto de debate en la iglesia. Creo que nosotros ya no disfrutamos de la revelación directa como una parte del método de guía de Dios.

El ejemplo de los apóstoles para conocer la voluntad de Dios

En el capítulo 5 observamos que la enseñanza del Nuevo Testamento acerca de la voluntad de Dios está enfocada en los aspectos soberanos y morales. Las exhortaciones para conocer la voluntad de Dios son llamados a relacionarse con la información que ya se diseminó, no es algo que todavía falte por descubrir. Los apóstoles continuaron modelando la dependencia sobre la revelación pasada. Ellos enseñaron a la iglesia a juzgar la exactitud de su enseñanza sobre las bases de si pasaba o no la prueba del tiempo. Pedro y Pablo solo perpetuaron lo que habían recibido de tradiciones fidedignas (2 Pedro 1:19-21; 1 Corintios 15:1-11; cf. Lucas 1:1-4; 2 Timoteo 3:15-17; 1 Corintios 10:1-13), y esperaban que a los que enseñaran hicieran lo mismo (2 Tesalonicenses 2:15; 2 Timoteo 2:2; 2 Pedro 3:15-16). El contenido de estas enseñanzas y los valores que se derivan de estas constituyeron la voluntad de Dios para aquellos que escucharon y obedecieron.

El procedimiento normal de los apóstoles para buscar a Dios y a la piedad era vivir la Palabra de Dios que habían recibido. Ellos esperaban que sus seguidores hicieran lo mismo. Ni Jesús ni los apóstoles nos dejaron un paradigma para saber la voluntad de Dios a través de un proceso subjetivo para conocer lo que Dios requiere. Más bien ellos modelaron cómo vivir y tomar decisiones basándose en la aplicación de la verdad de Dios para su mundo. El proceso está bañado de oración y sumisión al plan soberano de Dios. Una búsqueda del conocimiento acerca del futuro para tomar una decisión en el presente está ausente en la instrucción apostólica. Las cartas finales de Pablo, las epístolas pastorales (1 y 2 Timoteo y Tito), presentan un paradigma de doctrina y juicios sanos como la base del discernimiento. No está presente ningún modelo que apele a una guía milagrosa.

CONCLUSIÓN

Aprender a vivir de acuerdo a la enseñanza bíblica es un reto mayor que localizar versículos específicos a los cuales dirigir nuestras preguntas. Debemos desarrollar una perspectiva bíblica y establecer valores que representen la profundidad y anchura de las Escrituras. Debemos desarrollar nuestras habilidades para discernir los niveles directos e implícitos de la enseñanza bíblica. Necesitamos entender los conceptos teológicos creativos de nuestras tradiciones religiosas personales para que así podamos discernir cuál nivel de la enseñanza bíblica estamos evaluando. También debemos aprender a distinguir cuándo la Biblia está describiendo una historia redentora y cuándo está prescribiendo patrones normativos.

La Biblia contiene muchos ejemplos de dirección sobrenatural en el cumplimiento de la voluntad de Dios. Sin embargo, estos hechos son relativamente raros en el gran panorama y siempre están relacionados con personas o circunstancias únicas en el plan revelador de Dios. Estos describen cómo

Dios ha actuado y no prescriben cómo Dios *actuará*. A medida que la Biblia progresa en su enseñanza, predomina el paradigma de dependencia de la verdad bíblica y sus valores como el contenido de conocer y hacer la voluntad de Dios. La enseñanza normativa es la obediencia a las instrucciones de Dios para cumplir su voluntad.

Jesús y los apóstoles modelaron una dependencia absoluta de Dios y del legado de la historia redentora. Ellos también formaban parte de un proceso continuo de revelación especial. Sin embargo, cuando se evalúa el contenido, es sorprendente ver que muy poco es totalmente nuevo en el conocimiento general. Lo que es nuevo se relaciona principalmente con el primer clímax del programa mesiánico en el advenimiento de Cristo y el papel de la iglesia en el plan soberano de Dios. El enfoque está en el cumplimiento de la promesa y la necesidad continua de obedecer la voluntad moral de Dios.

Por consiguiente, cuando yo obedezco la enseñanza de la Biblia, estoy haciendo la voluntad de Dios. A medida que sigo viviendo para Dios mediante una mente transformada que aplica los valores bíblicos, estoy seguro de su guía. Esta guía no es una respuesta a mi demanda de información para tomar una buena decisión en el futuro. Por el contrario, su enseñanza es la guía. El discernimiento de los asuntos de la vida no debe posponerse hasta que aparezca alguna información que todavía no se ha revelado. En su lugar, debemos tratar con estos asuntos desde una cosmovisión y conjunto de valores bíblicos. A medida que andamos por los caminos de Dios, apoyados en sus valores y no en los nuestros, podemos descansar en el hecho de que su verdad nos dirigirá por nuestra senda. Este es el camino de Proverbios 3 y Romanos 12.

Y, ¿qué de Bob?

Convertirse en un adulto que toma decisiones

■ Una de las películas más cómicas que he visto fue *¿Qué tal Bob?* [What about Bob?] Bob Wiley, que representó Bill Murray, era la peor pesadilla de un siquiatra. Su paranoia lo hizo depender por completo de su consejero. Bob no tomaba ninguna decisión sin antes hablar con el Dr. Marvin, e incluso después de hablar comenzaba a dudar acerca de lo que le habían dicho. Por consecuencia, el Dr. Leo Marvin, que Richard Dreyfuss representó, se tenía que someter a las necesidades de Bob los siete días de la semana y las veinticuatro horas del día. El Dr. Marvin hasta escribió un libro llamado *Baby Steps* [Pasos de bebé], en el cual detallaba cómo uno debía ordenar su vida. Sin embargo, Bob era incapaz de seguir las instrucciones del libro. Él necesitaba escuchar la voz tranquilizadora y de confirmación del médico para cada situación que encaraba. Después que el buen médico y su familia se fueron a su casa de recreo en el lago para pasar unas vacaciones, Bob tuvo una crisis, localizó al médico y logró colarse en el corazón de la familia para manipular al médico y hacer que este satisficiera sus necesidades. Bob se convirtió en el fastidio más adorable en la historia. Se ganó el afecto de la familia Marvin, a excepción del buen médico, y por último se las ingenió para captar la atención indivisible del médico casándose con su hermana.

La mayoría de los cristianos leen un libro acerca de conocer la voluntad de Dios porque ansían agradar a Dios y al mismo tiempo vivir una vida segura y feliz. El estereotipo de la voluntad de Dios en la mayoría de la cultura cristiana de EE.UU. promete que ambas ambiciones se pueden satisfacer si encontramos el centro de la voluntad de Dios. De modo que encontrar la voluntad de Dios se convierte en la clave para evitar los errores que nos causan dolor. Como Bob, nos hemos obsesionados con tener al Dr. Marvin (Dios) dirigiendo o confirmando cada acción que tomamos. Nos enfocamos en una búsqueda en lugar de seguir las instrucciones que el médico ya nos dio.

El punto de vista estereotípico de la voluntad de Dios en la cultura cristiana es deficiente. Nos hemos imaginado que la voluntad de Dios es un asunto privado entre Dios y nosotros como individuos. Ingenuamente hemos adoptado la mentalidad de la cultura occidental y nos colocamos en el centro de la obra de Dios en el mundo. Hemos ignorado la clara enseñanza de la Biblia que dice que la voluntad de Dios está compuesta por su verdad revelada y en su lugar hemos sustituido una búsqueda de la voluntad de Dios por encima del camino a la obediencia de lo que ya conocemos. Por lo tanto, nos paralizamos al buscar un fantasma de nuestra propia hechura.

Una lectura cuidadosa de la Biblia presenta un punto de vista diferente del significado de la voluntad de Dios. Ni el Antiguo ni tampoco el Nuevo Testamento presentan un modelo de vivir que requiera encontrar algún plan secreto de Dios y aprender cómo nosotros encajamos en ese plan antes de que tomemos alguna decisión. En su lugar, nos debiera preocupar lo que ya Dios nos reveló. Lo que no se ha revelado no es asunto nuestro (Deuteronomio 29:29).

Debemos confiar en que Dios cumplirá su plan soberano. Con toda arrogancia suponemos que si Dios conoce el futuro, él está obligado a guiarnos a través del laberinto. Nuestros intereses personales son los que motivan esta presunción, no importa cuán piadosa sea la manera en que lo expresemos.

El modelo de la voluntad de Dios que encontramos en la Biblia está claramente enfocado en la voluntad soberana y moral. Dios tiene un plan general para su creación en el tiempo y espacio que está de acuerdo con su naturaleza soberana y sus prerrogativas. La creación no tiene un acceso a este plan cada vez que lo exija. Conocemos el plan de Dios cuando él decide revelarlo o cuando vemos su cumplimiento. Por otra parte, la voluntad moral de Dios está claramente dirigida a la regulación de la creación de Dios, dictando la responsabilidad humana. La voluntad moral de Dios en primer lugar está contenida en las estructuras de los mandamientos y exhortaciones de las Escrituras y se registra en la Biblia y solamente en la Biblia. En segundo lugar, la voluntad moral de Dios se deriva de las implicaciones de estas estructuras. La voluntad moral de Dios está diseñada para guiar las actitudes y conducta de sus súbditos.

La Biblia refleja que Dios ha comunicado directa y milagrosamente su voluntad a algunas personas escogidas en la corriente de la historia bíblica. La manera de esta comunicación se entiende mejor como acciones de Dios descritas, no como repetidos métodos normativos de comunicación.

En este punto el lector tal vez se pregunte: «¿Qué acerca de las decisiones para las cuales yo no puedo localizar un mandamiento directo que me guíe? ¿Acaso debo creer que un Dios todopoderoso no pueda responder a mis problemas? ¿Debo suponer que mi preocupación para saber cómo lidiar con lo que no se revela directamente se quedará sin responder?» No. La pregunta no es *si* Dios puede responder sino *cómo* él planea hacerlo. Este es el meollo de nuestra lucha; debemos luchar con nuestra comprensión de la Palabra de Dios y la vida tal y como la conocemos. Creo que en este punto de bifurcación tenemos la mayor oportunidad de glorificar a Dios y cumplir su propósito de crearnos a su imagen.

LA RELACIÓN DE LA VOLUNTAD DE DIOS Y EL DISCERNIMIENTO PIADOSO

Considera durante un momento la posibilidad de que hayamos creado un concepto de conocer la voluntad de Dios de acuerdo a nuestras propias nociones y expectativas. El resultado es que buscamos a Dios para que él haga lo que nunca tuvo la intención de hacer. La presentación típica de la voluntad de Dios en muchos círculos trae consigo dos suposiciones: (1) que Dios requiere que nosotros encontremos su plan para nuestra vida con el fin de tomar las decisiones de la vida y (2) que Dios hará algún tipo de revelación para comunicar su voluntad para nuestras vidas individuales.

Estas suposiciones nos llevan por un camino equivocado. Dios tiene un plan diferente para cuidarnos en esta vida, uno para maximizar el hecho de que él nos creó para ser los portadores de su imagen bajo la cobertura de su voluntad declarada. Todos nosotros luchamos con el hecho de que el cielo parece estar en silencio en los momentos más inoportunos. Irónicamente, nuestra ingenua espiritualidad nos guía a disminuir o enterrar nuestros sentimientos de ira y desánimo acerca de ese silencio en lugar de preguntarle a Dios por qué no está respondiendo a nuestro llamado. Terminamos viviendo vidas «de un callado desespero cristiano» y perdemos el peregrinaje que Dios planeó para nosotros. ¡Qué triste! Necesitamos recibir el mensaje de que Dios ha ordenado nuestras luchas para que maduremos en su imagen y para ayudarnos a lidiar con la vida. Confrontamos estos desafíos al discernir cómo una cosmovisión y conjunto de valores bíblicos se aplican a las decisiones de la vida.

En una manera muy real, donde termina la revelación

de la voluntad de Dios, comienza el discernimiento piadoso (ver la figura 10). El discernimiento piadoso comienza con el fundamento de la voluntad moral de Dios tal y como se reveló en la Biblia y continúa a medida que desarrollamos la mente transformada. Por ejemplo, la intención de la enseñanza en el mandamiento directo de Dios a que no cometamos adulterio es clara. Jesús llevó esta intención de enseñanza al próximo nivel al colocar el adulterio en primer lugar en la mente, la sede de las intenciones humanas. El análisis teológico de Jesús: «Ni siquiera pienses en esto», del mandamiento moral directo «No cometas adulterio» abre nuevas vistas de valores que no hace solo un mandamiento externo.

Fig. 10. La voluntad de Dios se encuentra
en el discernimiento piadoso

Medita durante un momento en el mandamiento bíblico de amar, el mayor de todos los mandamientos de acuerdo a Jesús. ¿Cómo tú consideras el amor en tu discernimiento piadoso de la voluntad de Dios? El término *amor* es un «concepto lógico», un término abstracto que no se autodefine como los términos *silla, roca, niña* y *niño*. ¿Cómo tú sabes qué cosa amorosa debes hacer? Discernir el significado de «Ama a Dios y ama a tu vecino» requiere un pensamiento crítico acerca de cómo cumplir el mandamiento de Dios.

El hecho de que Dios quiere que los cristianos progresen a un nuevo nivel de reflexión moral lo ilustró el mismo término que describe la vida cristiana. Pablo y Pedro nos dan una lista importante de las cualidades cristianas que deben guiar nuestras vidas.

El fruto del Espíritu	Lista de virtudes cristianas
Amor	Virtud
Alegría	Entendimiento
Paz	Dominio propio
Paciencia	Constancia
Amabilidad	Devoción a Dios
Bondad	Afecto fraternal
Fidelidad	Amor
Humildad	(2 Pedro 1:5-8)
Dominio propio	
(Gálatas 5:22-23)	

La mayoría de estos términos son *conceptos lógicos* que solicitan una amplia descripción en lugar de una simple definición concreta. Por ejemplo, tú no puedes dibujar un cuadro de amor o alegría ni paz o bondad. Como términos de virtudes cristianas, es necesario describirlas pensando acerca de cómo estos términos representan los valores bíblicos. Por consiguiente, seguir la vida cristiana trae con esta la responsabilidad de crecer en nuestra habilidad para comprender los niveles más profundos de virtud que promueve un punto de vista bíblico.

Tú puedes ver que la piedad no solo tiene correlación con un mandamiento directo. Jesús dejó claro que uno puede abstenerse de cometer adulterio físicamente mientras que mentalmente sí lo puede cometer. Uno puede mantener una apariencia de conformidad externa a la enseñanza cristiana mientras que en el interior es una ruina. La piedad es vivir el mandamiento en lo externo debido a la motivación interna. Dios puede enseñarnos a respetar a la gente y a ser bondadosos, pero lo que nos hace piadoso es la extensión de estos mandamientos básicos en los hechos de la vida.

El discernimiento piadoso en referencia a la voluntad de Dios es similar a la sabiduría en referencia al conocimiento. La sabiduría es un producto del conocimiento. El discernimiento es un producto de aplicar lo que podemos saber acerca de la voluntad de Dios. Ya que el discernimiento es un producto, debe haber un proceso para producirlo. El proceso se encuentra en Romanos 12:12: Ser transformado por la renovación de tu mente. Cuando se renueva la mente, esta es capaz de evaluar la vida desde una nueva perspectiva y entonces tiene poder para aplicar un punto de vista y conjunto de los valores bíblicos para tomar las decisiones diarias. Esto es parte de lo que Jesús quiso decir cuando hizo una distinción entre la letra y el espíritu de la ley.

No hay una decisión o tema en la vida con que no se relacionen los valores bíblicos. A veces creemos que la Biblia guarda silencio acerca de algunos asuntos. Sin embargo, pensamos esto porque nuestras mentes son demasiado pequeñas y no practicamos la disciplina de sacar la verdad de las Escrituras. Por otra parte, experimentaremos una falta de prueba absoluta para algunas de nuestras decisiones. También experimentaremos una variedad en la comprensión del discernimiento dentro de la gran comunidad cristiana. No obstante, Dios permite la diversidad para lograr una meta superior que la mera uniformidad. Vivimos ahora con unidad en diversidad. Este es el plan de Dios. Esta es la realidad que conocemos.

Así que, ¿qué debes hacer como un tomador de decisiones? «Estudia, haz todo esfuerzo por presentarte a Dios aprobado, como obrero que no tiene de qué avergonzarse y que interpreta correctamente la palabra de verdad» (2 Timoteo 2:15, parafraseado por el autor).

DESARROLLAR LAS HABILIDADES DEL DISCERNIMIENTO

Si el centro de la voluntad de Dios se encuentra en la voluntad soberana y moral de las Escrituras, entonces el discernimiento consiste en la aplicación de nuestra comprensión de cómo la voluntad revelada de Dios se aplica a nuestras decisiones.

Tú no eres responsable de buscar la voluntad de Dios; tú eres responsable de hacer lo que él te dijo que hicieras y desarrollar un sentido bíblico de lo que debes hacer cuando no hay una clara enseñanza directa. El discernimiento toma los varios niveles de la enseñanza bíblica, directa, implicada y los sistemas creados, y desarrolla una cosmovisión y conjunto de valores para interpretar las decisiones de la vida.

Fundamentos para discernir la voluntad de Dios

Tú puedes encontrar un libro acerca de la voluntad de Dios que dice exactamente lo que quieres escuchar si buscas durante suficiente tiempo. Sin embargo, tienes que decidir cuál punto de vista realmente refleja la enseñanza bíblica y también es una evaluación sana de la manera en que Dios diseñó el funcionamiento de la vida. Vamos a revisar los métodos comunes para conocer la voluntad de Dios. Si tienes interés en explorar esto con más detalles, por favor, busca la bibliografía al final de este libro.

Los temas comunes en la literatura acerca de lo que significa conocer la voluntad de Dios incluyen:

conocer la Biblia

vivir una vida piadosa

orar

conocerte bien a ti mismo

aprender a escuchar la voz divina

estar alerta a las circunstancias

buscar consejo sabio

no importa lo que pase, ¡toma decisiones!

Estos asuntos representan aspectos de preocupación para todos los que proponen modelos para conocer y hacer la voluntad de Dios. Cada autor se extiende en los asuntos internos de cada categoría y cómo estos asuntos se unen para guiarlo a uno a la voluntad de Dios. Es interesante que los autores de diversas comprensiones teológicas usen las mismas categorías. Ellos simplemente aplican sus propias presuposiciones en cómo explicar cada categoría. La categoría más controversial es «aprender a escuchar la voz divina». Un autor puede argumentar que Dios todavía está haciendo la obra de la revelación directa. Otro tal vez hable acerca de impresiones y «presentimientos santos» del Espíritu Santo. Otros reconocen la voz de Dios como el consenso de la comunidad. Yo afirmo que la «voz» que esta categoría representa es la voz objetiva de la Palabra de Dios que alimenta nuestra cosmovisión y valores y también es la base de la convicción del Espíritu.

Es interesante que todos los puntos de vista admitan un cierto nivel de incertidumbre al conocer absolutamente la mente divina excepto si ellos estipulan una revelación directa. Incluso así, ¡los demás no están seguros de cómo probarlo! El resultado es que tú, el lector, te quedas con muchos consejos acerca de lo que debieras pensar, pero descubres que al llegar exactamente al momento de tomar una decisión todavía estás considerando el asunto y sigues sin tener bases objetivas para tomar dicha decisión. Esto es debido a que la mayoría de los modelos son más subjetivos que objetivos en su manera de procesar la información.

Yo creo que todas estas categorías contribuyen al discernimiento piadoso, pero una cobertura mayor determina su validez: el punto de vista y los valores bíblicos. Esta cobertura da coherencia a la variedad de categorías y hace juicio acerca de la contribución de cada uno en cualquier situación dada. Al tomar una decisión, cada categoría debe pasar la prueba de nuestro punto de vista y el conjunto de valores, lo cual es el filtro que hace el juicio acerca de todo lo que tú contemplas. Tú debes ser capaz de agarrar un pedazo de papel para escribir estas razones objetivamente y por lo tanto decir: «Por eso yo decido hacer esto».

Confiadamente tú puedes afirmar que estás tomando el curso correcto y apropiado de acción aunque no sabes qué traerá el futuro a la luz de tu decisión. Tu confianza está fundada en la aplicación de la verdad bíblica a los hechos de la vida. Incluso, al descubrir que las cosas no están saliendo como te imaginaste que saldrían, puedes señalar los valores que te llevaron a decidir y aferrarte a tu curso de acción sin considerar adónde te llevarán. ¿No es asombroso que a pesar de las circunstancias y el consejo de otros, Job nunca abandonara su cosmovisión acerca de Dios y sus circunstancias? Un criterio objetivo lo ayudó a permanecer en el curso en medio del dolor y el sufrimiento, capacitándolo a cumplir el plan soberano de Dios y aprender las lecciones que nunca habría aprendido en pastos más placenteros.

Dije antes que yo creo que hemos operado bajo algunas suposiciones falsas acerca de lo que significa conocer la voluntad de Dios. Hemos creído que estamos supuestos a interceptar la línea telefónica de todo el conocimiento de Dios y discernir el futuro para tomar una decisión. Hacerlo garantiza que estamos «en la voluntad de Dios» en lugar de «fuera de la voluntad de Dios», lo cual es la consecuencia de no encontrarla. Yo creo que esto es una suposición defectuosa y que nos guía a presumir más allá de la voluntad soberana de Dios y exigir de Dios lo que él nunca prometió satisfacer. Por el contrario, Dios espera que los portadores de su imagen se comprometan con los desafíos de la vida y tomen decisiones a la luz de la cosmovisión y el sistema de valores que enseña la Biblia. La creación glorifica a Dios cuando hacemos esto. Dios dirigirá su plan soberano mientras que nosotros cumplamos, lo mejor que podamos, nuestra responsabilidad para hacer lo que Jesús haría. Hacemos esto en sumisión a Dios. Hacemos esto en una atmósfera de vida piadosa que está bañada de oración. Cumplimos nuestras funciones, con todas las altas y bajas, con una completa confianza de que Dios cumplirá su plan para su mundo y para nosotros.

Desarrollo de un proceso de discernimiento

Yo sugiero cuatro pasos para seguir el discernimiento cristiano. Tú necesitas (1) conocer la Biblia, (2) desarrollar una cosmovisión cristiana, (3) identificar tus valores y (4) aplicar un proceso para tomar decisiones. Estos pasos incluirán por último todas las categorías de preocupación mencionadas antes. Sin embargo, en mi modelo, todas estas preocupaciones se definieron y ejercitaron bajo la cobertura de una cosmovisión y conjunto de valores bien definidos.

Conocer la Biblia

Seguir la voluntad de Dios sobre las bases de aplicar el discernimiento piadoso nos lleva a una lectura más profunda y amplia de la Biblia. La lectura no es más profunda en el sentido de encontrar algún significado escondido de la Biblia, sino en que nosotros examinemos nuestra comprensión de la Biblia más reflexivamente. La joya popular *¿Qué haría Jesús?* ilustra lo que significa una lectura más profunda. Aparte del mandamiento claramente moral, *¿Qué haría Jesús?* es una pregunta hipotética para hacernos pensar como nosotros creemos que Jesús pensaría. Este es un noble esfuerzo, pero ¿cómo podríamos saber si estamos pensando como Jesús? Solo hay una respuesta. Tenemos que empapar nuestra mente con la misma información que Jesús absorbió y aplicarla en su patrón de pensamiento. El Antiguo Testamento suple la idea que Jesús devoró. Los Evangelios ofrecen los resultados de la asimilación de Jesús de estas ideas. Las Epístolas del Nuevo Testamento continúan la acumulación de aprendizaje del pensamiento de Jesús. Si fuéramos a tomar seriamente *¿Qué haría Jesús?*, entonces debemos sumergir nuestras mentes en la única literatura que nos puede preparar para dar una respuesta razonada a esta pregunta tal y como se aplica a los acontecimientos de la vida.

Conocer la Biblia no es simplemente memorizar los versículos bíblicos. Debido a la naturaleza normativa de gran parte de la enseñanza bíblica, memorizar los códigos morales escuetos es útil. Es bueno tener «no mientas» en nuestra conciencia. Sin embargo, memorizar palabras sin una comprensión contextual no transforma adecuadamente nuestra mente. Este procedimiento solo proporciona palabras que aplicamos aisladamente de su contexto. Si perdemos la intención de la enseñanza del pasaje, tal vez hagamos una declaración falsa acerca de la Biblia y de Dios. Dicha práctica puede dar por resultado la frustración y hasta la ira. Sacamos versículos de memoria en tiempos de crisis como si fueran amuletos mágicos para tratar nuestros problemas. Si no funcionan, ¿de quién es la culpa? Dicha práctica puede acondicionarnos a pensar que la Biblia no funciona o que a Dios no le importa.

Desarrollar una cosmovisión cristiana

Como describimos antes en este libro, una cosmovisión está compuesta de las creencias básicas que tenemos y que nos dan un marco conceptual para interpretar a nuestro mundo y a nosotros mismos.[1] Una cosmovisión cristiana es aquella que está informada del conocimiento bíblico. Esta tratará acerca de nuestras creencias de quiénes somos (ontología), cómo sabemos lo que sabemos (epistemología) y qué valoramos como conducta aceptable (axiología). Una perspectiva cristiana responderá a estas categorías dentro del marco de la historia bíblica de la creación, la caída, redención y consumación.

Como cristianos, la creencia de que Dios existe y que él se ha comunicado con su creación y que la Biblia es el único registro autorizado de esa comunicación controlan nuestra cosmovisión. Desde esta última presuposición, desarrollamos numerosas creencias que guían nuestra vida. Afirmamos que nuestro mundo y nosotros mismos somos la creación directa de Dios. Esta verdad guía nuestro pensamiento acerca de la unicidad del planeta Tierra, el cuerpo y el alma humana y el propósito de la existencia. Estas creencias producen ideas acerca de cómo tratar a nuestro mundo y a las personas que están en él. Nuestras creencias afectan los asuntos de clonación, la investigación de células, el castigo capital, la eutanasia, el tratamiento de la tierra, derechos de los animales, las relaciones entre la administración y los trabajadores, una comprensión de nuestra humanidad como masculinos y femeninos y todos los demás asuntos.

Nosotros afirmamos la verdad de la historia del Génesis acerca del pecado de Adán y la interpretación que la Biblia le da. Esta creencia trata acerca del problema del mal en nuestro mundo y en nosotros mismos. Entender cómo el Edén nos afectó nos ayuda a tratar con nuestras limitaciones. Vemos la historia de la obra redentora de Dios como el centro de la historia de nuestro mundo. Esta creencia afirma que un plan divino guía la historia y que esta vida no es la totalidad de la existencia humana. Dios traerá la historia terrenal a una consumación. Cómo entendemos el control de Dios de su mundo forma nuestra perspectiva de la función de la oración. Esta creencia y muchas otras influyen en nuestra comprensión de todos estos aspectos que evaluamos en nuestro proceso de tomar las decisiones diarias.

Cuando tú estás en contacto con tu cosmovisión y sistema de valores, estás mejor preparado para pesar la información que surge en el proceso de tomar decisiones. Si no has evaluado por completo el asunto que encaras a la luz de la enseñanza bíblica, sentirás la convicción de hacerlo. Llegarás a reconocer el ejercicio necesario de las disciplinas espirituales para vivir, orar y meditar piadosamente. Estas disciplinas no se representan para adquirir una revelación acerca de una decisión. Tampoco son un medio de manipular a Dios. Su propósito es mantenerte centrado en la voluntad moral de Dios a medida que él cumple su plan soberano. Tú respetarás las circunstancias y tiempo de los sucesos de la vida, porque sabes que Dios está en control de tu mundo. Aprenderás a escuchar y pesar el consejo de amigos porque tú sabes que no puedes verte como otros te ven. El temor de tomar decisiones no te paralizará porque sabes que hasta el fracaso es una oportunidad para que Dios te ayude a desarrollar tu comprensión de cómo vivir. Reconocerás que lo que tú y otros ven como un fracaso puede ser el mismo plan que Dios diseñó para conformarte a la imagen de Cristo.

Este libro no puede comunicar todo lo que tú necesitas saber acerca de llegar a ser alguien que toma buenas decisiones. Tú mismo debes lanzarte a este peregrinaje. En el viaje aprendes lo que ningún libro te puede decir. Como declara un proverbio (del inglés): «Tú le puedes dar un pescado a una persona y alimentarlo con este durante un día, o le puedes enseñar cómo pescar para que siempre esté alimentada». Mi esperanza es que yo te ofrezca algunas perspectivas nuevas sobre lo que significa pensar «cristianamente» y que así puedas hacer este peregrinaje por tu cuenta.

Identifica tus valores

Una vez escuché a un predicador decir: «Antes de ser cristiano, amaba las cosas y usaba a la gente. Ahora que soy cristiano, amo a la gente y uso las cosas». Esta simple declaración dice mucho acerca de los valores. Previamente señalamos que los valores operan en tres niveles: mandamientos bíblicos, comunidad y personal. Todos los cristianos valoran lo que manda la Biblia. Un mandamiento de no mentir refleja el valor de decir la verdad. Un mandamiento de no cometer adulterio valora las relaciones humanas. Sin embargo, un mandamiento de amar es más difícil de describir. En todas las Escrituras se presenta el amor como el valor fundamental en las relaciones humanas. El amor es un mandamiento que no solo es directo sino que también penetra los valores de la comunidad. Constantemente se nos desafía a determinar qué es actuar con amor. Los valores personales incluyen nuestros gustos en la comida, música, entretenimientos, uso del tiempo libre y todo lo referente a nuestra vida que controlamos. Siéntate algunas veces y haz tu lista de valores para estos tres niveles, especialmente comunidad y personal.

Aplicar un proceso de tomar decisiones

Diariamente enfrentamos miles de asuntos acerca de los cuales debemos tomar decisiones y actuar según esas decisiones. Para mí, esto pudiera ser algo tan común como llevar almuerzo de casa o salir a comer con mis colegas. Aunque esto parece simple, los valores y sus consecuencias lo están dirigiendo. Por ejemplo, ¿tengo dinero para comer fuera? Un almuerzo y la propina costarían de siete a ocho dólares. No es tanto, excepto si lo hago todos los días, entonces el presupuesto comienza a sentirlo. Si yo gasto el dinero aquí, ¿me faltarán fondos para a veces invitar a mi esposa y/o hijos a salir durante la semana? ¿A quién valoro más? Si valoro a ambos, ¿cómo mantengo el equilibrio entre estos compromisos? ¿Cómo mi familia ve mis acciones? ¿Estoy desarrollando patrones egoístas? O quizás debo calificar un montón de trabajos de los estudiantes y no debo pasar de sesenta a noventa minutos lejos de mi escritorio. Pero calificar es una pesadez, así que mejor me voy. Pero luego, al final de la semana, los trabajos todavía están allí y no los devolví a tiempo. Entonces me veo forzado a trabajar el sábado cuando nadie está en el edificio de la oficina y no existe la tentación de distraerme y dejar de hacer las calificaciones. Pero entonces habré destruido el tiempo clave de la familia por las decisiones que tomé durante la semana.

¿Tiene Dios una voluntad en todo esto? Yo creo que sí. Es la voluntad que se encuentra en la reflexión y aplicación de los valores que reflejan la vida piadosa. El proceso que se aplica a este escenario común es el mismo que se aplica a: «¿Con quién me casaré?» «¿Qué carrera debo estudiar?» ¿Adónde debo dar mi dinero?» «¿A qué iglesia debo asistir?» «¿Debo cambiar de trabajo?» «¿Debo ser un ujier o un diácono?» Las llamadas decisiones importantes necesitan la aclaración de las opciones y valores igual que las decisiones de un día típico.

Una de las primeras disciplinas en cuanto a tomar decisiones es desarrollar un patrón para vincular nuestros valores a las decisiones que confrontamos. Esto debe convertirse en un hábito mental. Puede llegar a ser muy amenazador porque todos tenemos valores que son menos que nobles. La persona verdaderamente consciente es capaz de lidiar con los valores tanto malos como buenos. Debemos aumentar la integridad de nuestra propia conciencia a un nuevo nivel si tomamos seriamente el deber de conocer y hacer la voluntad de Dios. Como maestro, a menudo lucho con la penosa tarea de calificar. Leo los trabajos de mis alumnos. Creo que les debo esa cortesía. Se me ha acusado de ser adicto al trabajo (no es un buen valor ni algo de lo cual estar orgulloso), pero yo mismo me mimo acerca de lo creativo que puedo llegar a ser para evitar ciertas tareas. Este hecho nos confronta con las funciones de conciencia y nuestra voluntad. El papel de la conciencia se expondrá en el próximo capítulo de este libro.

La gráfica de tomar decisiones (ver la figura 7 en la página 67) es un método para ayudarnos a procesar las decisiones con relación a nuestra perspectiva y valores establecidos. La casilla rectangular contiene una lista de categorías que estimulan relacionar los valores con los asuntos que piden discernimiento. La lista es solo sugestiva y variará en sus asuntos y enfoque dependiendo de los asuntos a considerar. No se intenta dar un orden de prioridad en las maneras de presentar estos asuntos. Reflexiona conmigo acerca de cómo estos asuntos pueden comprometer el proceso de tomar decisiones.

La necesidad de un alto nivel de *autoconciencia crítica* es crucial si vamos a ser piadosos al tomar decisiones. Tal vez nuestro mayor desafío sea conocernos a nosotros mismos. El corazón, es decir, la mente, es engañoso y desesperadamente débil; ¿quién puede comprenderlo? (ver Jeremías 17:9). *Yo* soy el primero que satisface cada asunto que pide el discernimiento en mi vida. *Yo* soy quien decide si obedecer o no a un valor bíblico y cuánto debo acercarme al límite. *Yo* soy el que sabe lo que es correcto cuando hago lo incorrecto (ver Romanos 7). Necesito examinarme a mí mismo para descubrir las estrategias pecaminosas que uso para controlar mi mundo. Necesito saber qué me mueve como persona. Mis lados ciegos, o los aspectos acerca de los cuales no he ganado conciencia, le darán color a mis decisiones. ¿Cómo puedo, cómo tú puedes, trabajar para lograr niveles más profundos de comprensión propia? Hay una vieja canción que dice: «Tengo una visión de veinte veinte, pero estoy caminando medio ciego».

Dos experiencias que transformaron mi vida me ayudaron a levantar mi propio nivel de conciencia. Unos pocos meses después de salir de la marina, recibí un paquete por correo, mi fichero de toda la vida militar, todos mis documentos de cuatro años de servicio. Incluido en este paquete estaban todas las evaluaciones confidenciales de mis supervisores durante ese período. ¡Esto me abrió los ojos! Contenía declaraciones cándidas acerca de mis puntos fuertes y débiles, puso mis rasgos personales sobre la mesa para inspección, señalaba patrones que yo sabía que tenía pero que realmente nunca visualicé mediante los ojos de otra persona. Las perspectivas de segundas y terceras personas me ayudaron a verme como otros me veían. Aunque yo conocía algunas de mis características, nunca realmente vi cómo las aplicaba en el medio social y de trabajo. Leer estas evaluaciones abrió panoramas de comprensión propia que jamás hubiera explorado por mi cuenta. Este es el valor de una comunidad que es honesta con sus miembros. Esto es fácil de lograr en el medio militar donde los superiores pueden hablar honestamente acerca de aquellos sobre quienes tienen control. Sin embargo, no es tan fácil de lograr en una familia o en una iglesia donde todos son tan sensibles y nunca olvidan las evaluaciones negativas de otros. ¿Cuándo fue la última vez que te sentaste para tomar café con un amigo cercano y le pediste que te desmantelara sin misericordia? Si a ti nunca te han hecho esta petición, y a pocos se las han hecho, es probable que no hayas sido completamente franco, porque no supiste cómo lidiar con un escrutinio tan intimidante.

La segunda experiencia de la vida que elevó mi conciencia fue una de dichas sesiones donde te sientas a tomar café. Durante un año yo tuve el privilegio de reunirme cada dos semanas con casi seis expertos y muy poderosos colegas. Nuestras vidas estaban expuestas, desmanteladas y evaluadas en una atmósfera de verdadero amor. El verdadero amor no es el superficial del escenario de «eres maravilloso». El verdadero amor es la habilidad de ser honesto acerca de cosas difíciles de manera que podamos pasar a otro nivel de comprensión propia. De hecho, sin esta clase de comunidad, tú nunca sabrás de qué estoy hablando.

La Biblia también dice mucho acerca de las *obligaciones humanas*. Toca el tema de las responsabilidades que mantenemos en la familia y en las relaciones del mundo. Las Escrituras tienen mucho que decir acerca de padres, madres, parientes, personas no casadas, hijos, hijos de padres ancianos, esposos, esposas, amos y esclavos (que para nuestra cultura serían las categorías de empleado y empleador), y las comunidades de personas. A medida que avanzamos en la continuidad de nuestras responsabilidades humanas, las reglas bajo las cuales operamos tienen que ajustarse. Ciertas decisiones que tomamos como personas solteras no se pueden evaluar de la misma manera si somos casados y con hijos. Cambiar de obligaciones trae consigo cambio de valores. La Biblia mantiene una norma alta de la responsabilidad humana en todas nuestras relaciones sociales. Muchas decisiones requieren un análisis desde esta perspectiva.

La *providencia de Dios* es un aspecto de la soberanía de Dios. La providencia es un concepto creativo que representa la enseñanza bíblica acerca de Dios obrando sus propósitos en el mundo. Nuestras vidas son parte de esa obra. La providencia es un concepto activo en lugar de uno pasivo. Como dijo el poeta Cowper: «Dios se mueve de maneras misteriosas para ejecutar sus maravillas». Nuestro papel en el discernimiento piadoso es ser sensibles a las circunstancias de la vida en las que nos encontramos. Por lo tanto, ya que suponemos que Dios tiene el control de nuestro mundo, debemos creer que la voluntad de Dios está donde nosotros nos encontremos circunstancialmente. Desde luego, esto supone que nuestra condición circunstancial está dentro de la voluntad moral de Dios. El tiempo de las decisiones es importante ya que la providencia es una parte de la historia no descubierta. Por ejemplo, hace algunos años yo estaba en medio de un cambio de trabajo. El asunto iba un poco lento. Se presentó una buena oportunidad, y luego de una cuidadosa evaluación, mi familia y yo decidimos que yo debía aceptar ese trabajo. Una semana más tarde recibí alrededor de cuatro llamadas telefónicas con oportunidades que hubiera preferido si las evaluaba. Pero sentimos que el tiempo era algo crucial en estos hechos y continué en la ruta inicial. En otras circunstancias, la providencia del tiempo no habría sido de mucha importancia, pero en estas condiciones era la clave.

Con frecuencia los misioneros encaran decisiones grandes acerca de la voluntad de Dios para sus vidas. La *opinión basada en las investigaciones* de su junta misionera a menudo puede ser de mucha influencia, si no imperativa, en cuanto a sus servicios. En muchas ocasiones yo he escuchado a parejas de misioneros explicando cómo cambiaron de opinión en cuanto a un campo misionero u otro. Su explicación era difícil, porque estaban procurando pensar en voz alta acerca de cómo lidiar con lo que ellos pensaban era un cambio en la mente de Dios. Si se sentían llamados a un lugar pero entonces cambiaban de rumbo, ¿no era este un cambio de parte de Dios? Creo que una gran cantidad de esta clase de tensión está basado en las falsas suposiciones de cómo decidieron un campo de servicio en primer lugar. Con frecuencia la primera decisión se basa más en la reacción emocional que en la razonable, amigos que sirven en ese lugar, un cierto orador que era totalmente cautivador. Puede haber muchas clases de influencias. Por lo general estos escenarios son parte de la providencia de Dios para llevar a las personas al servicio cristiano. Pero es común que el desarrollo de su llamado esté geográficamente sujeto a la opinión investigada de las necesidades y oportunidades del evangelismo mundial en cualquier tiempo dado en la historia. El discernimiento piadoso presta atención a estos detalles y da por sentado que esto es parte de la dirección de Dios. La opinión basada en la investigación también se aplica a la iglesia en su presencia global.

Los cristianos deben luchar en cuanto a cómo ven sus *papeles y obligaciones en el reino de Dios*. Todos los creyentes están encargados de las responsabilidades cristianas básicas. Pero nuestras funciones en la iglesia variarán. La imagen del cuerpo, oficios y funciones descritas en el Nuevo Testamento dejan claro que cada uno de nosotros tiene una función que cumplir. Nuestro lugar en estas funciones se basa en los deseos que tengamos de ejercerlas bajo el control soberano de Dios y se logra cuando la iglesia, como una comunidad, reconoce y aprueba quién hará qué. Una vez que entendemos nuestras funciones, el valor que viene con nuestras responsabilidades forma una parte del proceso de discernimiento.

Para el cristiano sincero el aspecto más difícil del discernimiento está relacionado con *nuestros deseos personales*. Los creyentes a menudo luchan con cómo relacionar lo que a ellos no les gusta hacer y lo que disfrutan. Muchas veces he oído a cristianos decir: «¡Ay, mejor no decir que no haré una cosa porque eso será precisamente lo que Dios me hará hacer!» O «Realmente quiero hacer esto, pero me temo que mis deseos me puedan impedir saber lo que Dios quiere que yo haga». No estoy seguro de por qué los cristianos con frecuencia sienten que Dios está buscando oportunidades para hacerlos infelices. Quizás esta percepción sea autoinducida, al suponer que como somos pecadores, nunca podemos confiar en nuestros sentimientos. Estoy seguro de que esta no es una buena manera de ver la naturaleza de Dios. Realmente no encuentro que el salmista ni otros creyentes en la Biblia reflejen esta clase de actitud. O si lo hacen, como Elías (1 Reyes 19), de seguro Dios los corrige. Incluso más, el deseo personal es la naturaleza del llamado al ministerio pastoral (1 Timoteo 3:1).

Necesitamos saber lo que realmente nos gusta, porque esto es una ventana que nos lleva a nuestra motivación en la vida. Este es un aspecto importante de nuestra conciencia. Distorsionaremos nuestros valores si no reconocemos nuestros deseos personales. A menudo estamos tan preocupados por lo externo y por satisfacer las expectativas de otros que descuidamos conocernos a nosotros mismos. La religión, por su propia naturaleza en el aspecto humano, prospera en cuanto a la expectativa de la conformidad externa y a menudo ahoga los deseos personales. Necesitamos alimentarnos de lo que nos hace felices y canalizar esas energías en el servicio divino. Tal vez a veces le demos una mayor prioridad a otros valores y escojamos hacer las tareas más difíciles y que brindan menos disfrute, pero debemos hacerlo sabiendo por qué lo hacemos. Comprender nuestras propias motivaciones es la clave para aclarar los valores en el discernimiento.

Hace algunos años yo estaba parado en la fila con mis colegas de la facultad esperando ir hasta el frente durante una graduación. No recuerdo la naturaleza exacta de nuestra conversación, pero recuerdo la pregunta que planteó un amigo mío: «¿Qué te hace sentir feliz?» Parecía muy sencillo. Pero mientras pensaba en esto, no podía dar una respuesta fácil. Desde luego, me hace feliz un helado, la música de la guitarra, la luz del sol, la familia, los amigos y los medios para disfrutar las cosas buenas de la vida. Pero mi amigo no estaba buscando una respuesta superficial. ¿Cuál era el deseo más profundo de mi alma? Todavía sigo pensando diariamente en esa pregunta.

Uno de los aspectos más descuidados del discernimiento en la cultura de Norteamérica es cómo aprovechar *la sabiduría de una comunidad*. Los norteamericanos son muy independientes. Nosotros podemos hacerlo solos. *Nos vemos* como el ingrediente más importante en todas nuestras situaciones. La cultura occidental y americana han creado dichas actitudes. Los valores norteamericanos en lugar de los bíblicos a menudo influyen en nuestro pensamiento en este aspecto. Por el contrario, la Biblia destaca la *comunidad* de creyentes. Dios lidió con Israel como una nación. Lo que afectaba a uno, afectaba a todos. El método de esta comunidad también se modeló en el Nuevo Testamento. En nuestra cultura, a menudo nos imaginamos los dones espirituales como una búsqueda personal. Sin embargo, en el Nuevo Testamento, una integración en el ambiente de una comunidad era lo que estimulaba por completo el descubrimiento y la función de los dones. En nuestra cultura, la espiritualidad a menudo se ve como un asunto privado entre Dios y el individuo. Sin embargo, en el Nuevo Testamento todo el concepto de la espiritualidad estaba atado a las relaciones de la comunidad de creyentes (ver Gálatas 5–6). La dinámica de la comunidad para cumplir la voluntad de Dios con frecuencia es una característica perdida en la comunidad cristiana. Necesitamos aprender a escuchar cómo toda la comunidad nos ve a cada uno de nosotros como individuos. Necesitamos aprender a escuchar los juicios de la comunidad acerca de la obra de Dios en el mundo.

CONCLUSIÓN

En este capítulo hemos considerado la voluntad de Dios en términos de aplicar el discernimiento piadoso en lugar de procurar de adivinar por adelantado el plan soberano de Dios. No hay un modelo bíblico para este último. Cuando tratas de tomar tus decisiones buscando información acerca del futuro, te encuentras paralizado por inactividad o frustrado a causa del silencio en el cielo. Esta no es la manera en que Dios nos enseñó a seguirlo a él y su voluntad. Dios nos ha llamado, y los apóstoles nos enseñaron, a vivir vidas responsables a la luz de la enseñanza bíblica. Este patrón también se observa en el Antiguo Testamento.

Hemos repasado los ingredientes que son comunes en todos los modelos que tratan acerca del conocimiento de la voluntad de Dios. Creo que la información y perspectiva de estos asuntos se utilizan bajo las cuatro categorías más importante de conocer tu Biblia, desarrollar una cosmovisión cristiana, identificar tus valores y practicar un proceso de evaluar las decisiones que tú tomas.

Antes de ver algunos estudios que investigan cómo tomar decisiones a partir de tu cosmovisión y conjunto de valores, vamos a explorar varios temas pertinentes acerca del lado más subjetivo para conocer la voluntad de Dios. La Parte 3 repasa las funciones de la conciencia, el Espíritu Santo, la oración y otros asuntos subjetivos en nuestros esfuerzos para discernir la voluntad de Dios.

Parte 3

Desafíos subjetivos para conocer la voluntad de Dios

En las dos primeras partes de este libro se expusieron los fundamentos y patrones bíblicos para conocer la voluntad de Dios. A estas alturas ya debes estar preguntándote acerca de todas esas vocecitas en tu cabeza. ¿Quién te está hablando? ¿Dios? ¿El Diablo? ¿El Espíritu Santo? ¿Tú mismo? Todos nosotros experimentamos constantes voces en nuestras mentes. No estamos padeciendo de personalidades múltiples; estamos involucrados en un constante debate interno acerca de lo que vemos y escuchamos. Una película expone de repente una escena abierta o sugestiva de sexo. No queremos verla, pero escuchamos esas voces. Voces de tentación. Voces de racionalización. Voces de críticas.

Quizás te detengas en una gasolinera de camino al trabajo y mientras estás llenando el tanque de la gasolina, escuchas una voz: «Ve a testificarle a ese hombre que está llenando su tanque de gasolina». O cuando vas al trabajo, escuchas una voz diciéndote: «Ve al presidente de tu compañía y cuéntale ahora acerca de tu testimonio». ¿Es esta la voz de Dios? ¿Está hablando mi conciencia culpable porque no estoy testificando? Todos los creyentes deben testificar, pero ¿cuándo, dónde y cómo? Si respondemos de inmediato a todas las voces en nuestra mente que nos instruyen para hacer algo que sabemos que es bueno, ¿esa voz fortalecerá nuestro testimonio o lo socavará? ¿Nuestra reacción prueba nuestra espiritualidad o hace que otros duden de nuestra cordura? ¿Qué debemos hacer con estas voces e impresiones subjetivas?

Las funciones de la conciencia y el Espíritu Santo son asuntos importantes en el discernimiento piadoso. Queremos ser obedientes, pero cómo saber si estas voces vienen directamente de Dios y por lo tanto requieren obediencia inmediata, o si sencillamente estamos teniendo una conversación interna con nosotros mismos acerca de los valores. ¿Qué dice la Biblia acerca de la función de la conciencia y el Espíritu en nuestras vidas?

Aparte de estos dos aspectos, todos experimentamos una gama de impresiones que de repente se exponen en los letreros de nuestra mente. ¡Haz esto! ¡No hagas esto! ¿Estamos inquietos acerca de ciertos pensamientos y decisiones, mientras que decimos tener paz acerca de otras decisiones? ¿Cómo evaluamos estas luchas interiores?

¿Qué acerca de la voluntad de Dios en términos de nuestra vocación o servicio en la iglesia? ¿Cómo sabemos si somos «llamados» a una tarea dada? ¿Qué acerca de la oración? ¿La oración cambia las cosas?

Los siguientes capítulos procurarán tratar con estas preocupaciones y otros aspectos que están «detrás del velo» y por lo tanto más allá de nuestras habilidades para verificarlas.

El papel de la conciencia

■ A veces, mientras conduzco mi auto, hago mis mejores reflexiones. Estoy seguro de que me veo un poco raro mientras voy por la carretera hablando conmigo mismo. A veces hasta tengo que detenerme y tomar notas. Cuando corto la hierba es otro momento magnífico para pensar. Otra ocasión en que mi mente está plagada de reflexiones acerca de la vida es cuando tengo un momento de meditación para orar. Cuando procuramos callar al mundo que nos rodea para reflexionar en Dios, el mundo interior de nuestras mentes saca a la superficie todos los asuntos de la vida que necesitamos atender. El gran poeta cristiano Frederick William Faber (1814-63) captó esta experiencia maravillosamente en el poema *Distractions in Prayer* [Distracciones en la oración].

> *Oh, Señor amado, yo no puedo orar.*
> *Mis pensamientos libres no están*
> *De atroces distracciones*
> *Que de ti me quieren alejar.*
>
> *El mundo siempre parece tan gris*
> *Pero cuando oro brillando ya está*

Y todos los planes que nunca pidieron que en ellos
    pensaran
    Despiertan de pronto y me encuentran allí.

La naturaleza parece una fuente plena
    De sonidos y vistas soñadoras
Que de lo profundo parecen surgir
    E inundarlo todo cuando me postro ante ti

Las voces de antaño murmuran en mis oídos
    Y las esperanzas nuevas a vivir comienzan
Cuando en una encantadora discordia
    El pasado y el futuro se mezclan.

Mis extremidades cambian de continuo
    Y mi carne con espasmos
Conspira junto a todos los fantasmas de mi mente
    Para que se canse mi ser interior.

Cuánto me duele, Señor, tú sabes
    Cuando no puedo orar,
Porque mis pensamientos luchan en vano
    Por separarme de ti.

Enséñame a apreciar, dulce Jesús,
    Aquellas horas tediosas cuando yo
Mudo y tonto ante tu faz
    Me postro en inútil adoración.

Como un lujo no se hizo la oración
    Ni como un pasatiempo dulcemente egoísta
La oración es el lugar de la criatura
    Postrada ante los pies de su creador.

Si yo, Señor amado, no encontrara algún placer
    Sino cuando en ti pensara
La oración habría venido sin que yo la buscara
    Y habría sido una liberad verdadera.

En la oración débil y distraída

Tú estás presente, Señor
Un pecador incómodo con su ser
Allí es donde mejor te encuentra.

La oración que humilla al alma
Libra de toda ilusión
Y le enseña, Señor amado,
Que de ti por completo depende.

Tu propio sacrificio bendecirá
El corazón que te codicia
Y tu mano de disciplina
Que convierte en castigo su oración.

¿Por qué debo quejarme, Salvador mío,
Y por qué lo que no es pecado he de temer?
Las distracciones no son más que cosas externas,
Bien adentro lo que mora es tu paz.

Como los rizos del mar
Los problemas superficiales vienen y van
Fuera del alcance las profundidades están
Menos para ti, mi Dios.

En esos tiempos de meditación, nuestras mentes compiten con conversaciones probando las entradas y salidas, los pros y los contras de cualquier cosa en la que estemos pensando. Quizás tú recuerdes a alguien a quien ofendiste. *El otro día cuando le hablé mal a Julia yo estaba de mal humor. Ahora, cada vez que la veo, sé que tengo que pedirle disculpas. Pero, ¿por qué no puedo dar ese primer paso?* O ves a alguien en el trabajo que necesita a Cristo y la voz viene a tu mente: *Necesitas testificarle a Pepe.* Tú te sientes convencido de que debes hacerlo pero luego piensas qué representará en las relaciones de tu trabajo. *Tal vez yo deje de caerle bien. El grupo del trabajo comenzará a llamarme «el predicador». Ellos saben que yo soy cristiano por la vida que vivo. ¿No es eso suficiente?* O vas por la carretera y ves un letrero sexualmente sugestivo.

Los pensamientos se aglomeran en tu mente. De inmediato te sientes mal por haber tenido esos pensamientos y durante los próximos diez kilómetros sientes un debate en tu conciencia acerca del incidente. Entonces subes la loma siguiente y ves la policía de carretera con su radar señalándote y de inmediato sientes la convicción de que necesitas frenar ya que la policía está vigilando la velocidad límite. Piensas: *¡Quisiera poder responder a mis convicciones morales con la misma rapidez y decisión!* La policía no te persigue y la palabra *gracia* viene a tu mente.

¿Cómo respondemos a esta interna conversación casi constante? ¿Acaso pensamos: *Bueno, no quiero pensar de esta manera?* ¿O contemplamos los pensamientos durante un tiempo hasta que un sentido de culpabilidad vuelve a situarnos en el buen camino? Sabemos que los pensamientos que se contemplan demasiado tienen el peligro de convertirse en hechos. Sin embargo, todavía nos vemos en una batalla constante con nuestras reflexiones internas.

¿De dónde vienen todas estas voces? ¿Nos estamos hablando a nosotros mismos? O ¿estas voces externas están comunicándonos alguna clase de «canal de charla de una Internet espiritual» en nuestras mentes? Entender lo que constituye la conciencia humana ayuda a explicar esta experiencia interna.

CONCIENCIA EN LA BIBLIA

Los sicólogos, filósofos y teólogos tienen varias definiciones y descripciones de lo que nosotros llamamos «conciencia». El diccionario nos informa que la palabra *conciencia* se deriva de la palabra en latín *conscientia*, que significa «conocimiento en común o mutuo». El diccionario Webster define conciencia como «un conocimiento o sentir de lo correcto y lo incorrecto, con una compulsión hacia lo correcto; el juicio moral opuesto a la violación de un principio ético reconocido previamente». La conciencia es una parte vital de la conciencia de uno mismo, ya que este cumple un papel de arbitraje en el discernimiento moral.

La Biblia habla poco acerca de la conciencia. No existe una palabra en hebreo para conciencia. El término en griego, como en latín, es un término que significa «saber con». A medida que el uso de este término se desarrolló, se comenzó a usar para retratar una función interna de reflexión moral, especialmente el dolor que uno siente cuando el conocimiento secreto y privado llega a ser conocido o se violan las normas. Es interesante que la traducción del griego del Antiguo Testamento, llamada Septuaginta, la versión de los setenta, usa la forma nominativa solo una vez (Eclesiastés 10:20) y la forma verbal dos veces (Levítico 5:1; Job 27:6), aunque se disponía con facilidad de las palabras para conciencia. Estas tres instancias representan personas que seguían una crítica interna de sus pensamientos.

En el Nuevo Testamento hay casi treinta usos del sustantivo *conciencia*. Las epístolas de Pablo llevan el liderazgo con veintidós, el libro de Hebreos tiene cinco y 1 Pedro contiene tres. Pablo en particular se compromete con la idea de la conciencia en 1 Corintios (el término se usó once veces). Parece que Pablo desarrolló su perspectiva de conciencia a través de su interacción con la iglesia de los corintios. De estos pasajes podemos tomar la siguiente definición y descripción: La conciencia es un conocimiento interior crítico, un *testigo* en referencia a las normas y valores que reconocemos y aplicamos.[1] La conciencia no crea normas y valores pero solo responde a nuestra «programación» existente.

La conciencia debe educarse, programarse, con relación a una cosmovisión y conjunto de valores redesarrollados críticamente. Ver la conciencia de esta manera amplía la necesidad de comprender su función en el proceso de tomar las decisiones cristianas, no como un juez sino como un testigo. Un juez puede dictar una opinión original, pero un testigo está confinado a lo que él o ella ven. Un juez puede decir una decisión, pero un testigo solo la puede informar. Los valores son los jueces. La conciencia solo es testigo de las decisiones de la vida a la luz de la cosmovisión y el conjunto de valores con los que se programó. El testimonio de la conciencia se siente en términos de una convicción con relación al tema que se contempla. Sin embargo, nuestro sistema de valores informó esta convicción. La conciencia no es una entidad independiente que nos da valores sino una función de nuestra autoconciencia para recordarnos los valores que reconocemos. Ahora bien, ¿cómo reaccionarías a la afirmación: «Deja que tu conciencia sea tu guía»? Más adelante en este capítulo te daré mis ideas.

La conciencia y los valores deben distinguirse. Para hacerlo así, considera la figura 5 en la página 47, la cual muestra cómo opera nuestra mente. Cuando recibimos la información para evaluarse, la corremos a través del filtro de nuestro punto de vista y el conjunto de valores. Nuestra conciencia relata la información de nuestros valores y nos alerta cuando la información viola los valores que reconocemos y aplicamos. Cuando la conciencia nos alerta de un conflicto de valores, debemos revisar nuestro conjunto de valores de acuerdo a nuestra comprensión de la Palabra de Dios. Por lo tanto, la conciencia no es un agente independiente comunicándonos información sino que es una herramienta de auto reflexión que Dios nos da para mantenernos fieles a lo que creemos.

Con este gran panorama en la mente, vamos a repasar cómo la Biblia se refiere a la conciencia.[2] Estas referencias nos dan varias características de la función de la conciencia en el Nuevo Testamento. La conciencia es en primer lugar una capacidad dentro de nuestra propia conciencia para el propósito de la autocrítica. Pablo hace una declaración fascinante en 1 Corintios 4:4: «Porque aunque la conciencia no me remuerde, no por eso quedo absuelto; el que me juzga es el Señor». La traducción de «la conciencia no me remuerde» en la Nueva Versión Internacional toma el lugar de las palabras literales: «no sé nada en contra de mí mismo». Cuando Pablo meditaba en su relación con los creyentes corintios, no podía hacer surgir un solo pensamiento que lo condenara a él o a sus acciones. Al mismo tiempo, reconocía que su propia autocrítica estaba limitada. La conciencia tiene sus limitaciones. Solo se puede relacionar a cómo nos vemos a nosotros mismos. Más allá de esto, debemos rendirle cuentas a Dios. Esto implica con claridad que la conciencia no es un tipo de voz directa de Dios que nos envía mensajes a pesar de nosotros mismos. Para decirlo de otra manera, la ausencia de convicción no justifica una acción en sí misma.

Si estamos considerando un pensamiento o acción, y nuestra conciencia no nos da una luz roja, ¿estamos libres para seguir ese pensamiento o acción? Yo no lo creo. Debemos tener razones que justifiquen nuestras acciones, no solo sentimientos de bueno o malo. Muchas veces los cristianos seguirán un curso de acción porque, como diría alguien: «Mi conciencia no me prohíbe hacer esto, por lo tanto, no puede estar mal». Esta es una comprensión incorrecta del papel de esa voz interior. La conciencia es una sirvienta de nuestros valores. Si nuestros valores están equivocados, no estaremos convencidos de los errores pero ingenuamente imaginamos que estamos bien. Nuestra responsabilidad es evaluar nuestros valores a la luz de la transformación continua de nuestra mente.

Romanos 2:14-15 da una ilustración interesante de la capacidad de la conciencia para la autocrítica. En Romanos 1–3, Pablo expone que tanto los judíos como los gentiles «todos han pecado y están privados de la gloria de Dios» (3:23). La línea de demarcación entre los dos grupos es la posesión de la Ley de Moisés (2:12). Pablo usa este solo hecho para destacar la responsabilidad judía. Aunque los gentiles pecaron sin la guía de la ley, los judíos pecan a pesar de esta. Él usa este punto ilustrativo en 2:14-15. Para los gentiles, sin embargo, la conciencia cumple el papel de la ley en que esta condena a los gentiles con relación a sus propios valores, que por la gracia común reflejaron los requisitos de la ley. Estas analogías a la ley estaban escritas «en el corazón» (2:15). Ellos, a diferencia de los judíos, obedecieron estos principios arraigados por la convicción de su conciencia, mientras que los judíos, con la ventaja de la misma ley, solo endurecieron sus corazones. Por consiguiente, para los gentiles, la conciencia cumplió una función de la ley, el acto de convicción en referencia a los valores. Pablo puso de ejemplo a los gentiles por ser ellos más constantes en la autocrítica moral que los judíos, y esto debió causarle vergüenza a esta privilegiada nación.

Pablo también notó la capacidad de la conciencia para la autocrítica al comentar que la conciencia se puede encallecer (1 Timoteo 4:2). La imagen de cauterización es la manera que tiene Pablo de ilustrar una conciencia que está privada de esta función de autocrítica. La conciencia interna ya no es capaz de sentir convicción. Las referencias a una conciencia encallecida (4:2) y el resultado de personas que le prohíben el matrimonio (4:3) son explicaciones de lo que significa ser un «embustero hipócrita» (4:2). Estos embusteros han defraudado la «fe» (4:1), la enseñanza y los valores que una vez poseyeron, y sustituyeron con valores falsos. Ya que el papel de la conciencia es monitorear nuestra conformidad a nuestros valores, si violamos esos valores, tenemos que encontrar alguna manera de hacer que la conciencia se calle.

Las referencias a la conciencia en el Nuevo Testamento presentan una segunda característica: la conciencia es un testigo de la cosmovisión y el sistema de valores que reconocemos y aplicamos. Pablo apela al testigo interior de la conciencia en unos cuantos escenarios. Por favor, recuerda que en este contexto la conciencia no es el sujeto de la referencia de Pablo sino un testigo del tema al cual se hace referencia. Él nota que la conciencia es un testigo interno en los gentiles para monitorear su juicio del valor moral (Romanos 2:15). Pablo apela a su propia conciencia como un testigo de que él ha sido justo en sus relaciones ministeriales (Romanos 9:1; 2 Corintios 1:12; cf. 1 Corintios 4:4). Pablo también apela a la conciencia de otros como un testigo externo a la validez de su ministerio (2 Corintios 4:2; 5:11). En todos estos casos, la conciencia no es una voz independiente sino un testigo para una norma existente.

Se observa otro uso importante de la conciencia cuando adjetivos como *buena, clara* y *pura* la modifican (1 Timoteo 1:5; 1:19; 1 Pedro 3:16, 21; 2 Timoteo 1:3); débil (1 Corintios 8:7, 10, 12); y *culpable* (Hebreos 10:22). Cada una de estas instancias es similar a la característica que tiene la conciencia de ser un testigo. La conciencia testifica acerca del estado de nuestra mente haciendo un juicio con relación a una norma predeterminada.

Pablo nos da otra ventana interesante en el uso de conciencia en 1 Corintios 8–10. En estos capítulos Pablo se dirige a una variedad de problemas que están relacionados con la naturaleza de la cultura greco romana. Esta era una sociedad integrada con idolatría (Hechos 17). El «templo de un ídolo» (1 Corintios 8:10) era el centro social de las ciudades en esta era. El templo del ídolo servía para la adoración pagana al igual que para múltiples funciones sociales. La arqueología ha señalado que los templos del período contenían varias áreas de comida. Además de las comidas religiosas practicadas en las religiones primitivas, las fiestas de las bodas y otras reuniones sociales probablemente se realizaban en estos espacios. Los templos paganos y el sistema de las sinagogas judías servían como centros de la comunidad para sus respectivos grupos. Las declaraciones de Pablo en 1 Corintios reflejan cómo el sistema del templo se integraba en las estructuras de alimentación de una comunidad. La carne y el vino pasaban rutinariamente por el sistema del templo y finalmente acababa en el mercado al aire libre (10:25). La norma, y no la excepción, era tener en el mercado carne que los sacerdotes paganos bendecían.

En 1 Corintios, es posible que Pablo estuviera respondiendo (cf. 7:1; 8:1) a una variedad de preguntas acerca de la naturaleza y el uso de la comida asociada con las religiones paganas y las relaciones de los creyentes con el elemento social de los templos paganos. Cualquiera que sean los detalles del contexto, los temas de conocimiento (8:1, 4, 7, 10) y la conciencia (8:7, 10; 10:25, 27-29) eran centrales en el problema. La delineación de personas como «débiles» o «fuertes» tienen relación con si su perspectiva acerca de los ídolos era bíblica o todavía teñida con el paganismo. La cosmovisión de uno acerca de los ídolos determinaba cómo ver la carne que estaba asociada con el templo. Los creyentes débiles no podían aislar la carne de la asociación con sus orígenes paganos y por lo tanto se sentían culpables si se la comían (8:7-8). Los débiles tenían conciencias débiles (8:7, 10) porque la base de su conocimiento era imperfecta y por lo tanto el dolor que su conciencia les causaba era equivocado y mal guiado. Los llamados «creyentes fuertes» tenían una perspectiva correcta pero les faltaba gracia para restringir su libertad por el bien de sus hermanos (8:9-13). En este contexto, una acción que no es un pecado se convierte en un pecado por causa de una violación relacional en la comunidad de creyentes.

Por otra parte, la pregunta frecuente es: «¿Durante cuánto tiempo complaces al débil?» Pablo habla ampliamente en el contexto de Corintios. Llamar a alguien «débil» en público no sería un halago. Al hacerlo, Pablo no compromete la verdad sino que extiende gracia a los que están necesitados de educación en Cristo. Pablo pide paciencia. Al mismo tiempo, yo creo que Pablo diría que nosotros toleramos el conocimiento inadecuado hasta que el débil ha tenido un tiempo razonable para educarse a sí mismo y ajustar su cosmovisión. Si ellos se niegan a hacerlo, pasan de la categoría de débil a beligerante. Realmente Pablo no esperó para llamar a esta gente débil, una etiqueta que a nadie le gustaría tener. Al mismo tiempo, él se identificó con ellos para llevarlos a una comprensión más alta (1 Corintios 9:22). ¿Quiere decir esto que Pablo comprometió una teología correcta para acomodar a los débiles? No. Él lidió con esta situación abiertamente en una carta de informe público y habló la verdad en amor.

Permíteme ilustrar esto desde mi propia experiencia. Yo no me crié en un hogar cristiano, aunque mis padres me enseñaron los valores de la creencia judeocristiana. Yo era un adolescente rebelde que se escapaba de la escuela y se iba a jugar billar. En mi pueblo, un billar era un lugar para beber y jugar. Los pecadores dedicados, no los santos, llenaban ese billar. Unos años más tarde, mientras estaba en la marina, me convertí en cristiano. Los creyentes preocupados me guiaban a buscar un Centro cristiano para militares en el lugar al que tenía que trasladarme para que así estudiara la Biblia y desarrollara mi comprensión cristiana. Recuerdo el día en que localicé mi primer centro en New London, Connecticut. Ya había subido la mitad de las escaleras del centro, cuando escuché el sonido familiar de las bolas de billar. Pensé: «Creo que estoy en un lugar equivocado». Bajé las escaleras y revisé el anuncio. Estaba en el lugar correcto. Volví al centro y vi a unos cristianos jugando un juego que yo asociaba con un lugar pecaminoso allá en mi pueblo. Estaba horrorizado. Poco a poco aprendí que lo que marcaba la diferencia no era la mesa de billar sino el local de la mesa. Mucho tiempo después, luego de que la base de mi conocimiento estaba ajustada, fui capaz de jugar billar sin sentirme culpable. La función de la conciencia siempre queda detrás, porque un cambio de perspectiva toma tiempo. La conciencia es un siervo de nuestra base de conocimiento, y cuando nuestro conocimiento cambia de acuerdo a las nuevas convicciones, la conciencia se acomoda a esos cambios.

En 1 Corintios 10, el uso que Pablo da a la conciencia es realmente particular en relación al contexto histórico. Pablo instruye a los creyentes para que comieran la carne del mercado o de la casa de una persona sin considerar la conciencia. En la Nueva Versión Internacional la frase clave es «sin preguntar nada por motivos de conciencia» (10:25, 27). Algunos que han escuchado otras versiones creen que Pablo sugirió «¡Ojos que no ven, corazón que no siente!» ¿Realmente te puedes imaginar a Pablo dando esta clase de consejo? Yo no lo creo. Entonces, ¿qué estaba diciendo? Al parecer, Pablo tomó un slogan «debido a la conciencia» que usaron los débiles para manipular a los que compraran esa carne y lo volvió en su contra. No había razón para hacer preguntas de conciencia, ya que la persona que tuviera conocimientos tenía que saber que la carne no estaba manchada porque los ídolos no eran nada.

Hemos observado, por el uso del término en el Nuevo Testamento, que la conciencia es un monitor de acciones sobre la base de la perspectiva y los valores que practicamos. La conciencia no nos comunica nueva información sino que solo nos estimula a mantener lo que ya sabemos. Vamos a examinar el papel de la conciencia un poco más desde la perspectiva de la voluntad de Dios y el discernimiento piadoso.

CLASES DE VALORES Y LA CONCIENCIA

Nuestra conciencia nos recuerda los valores que reconocemos y aplicamos. Los valores se refieren a la creencia personal que tenemos acerca de cada aspecto de la vida, desde si hay un Dios hasta cuál de las tiendas de víveres le dan el mejor trato. En este punto es útil recordarnos las diversas categorías de valores. Primero, hay valores morales obligatorios, los mandamientos claros de la Biblia. Nadie que crea en los valores cristianos discute esta categoría. Segundo, hay valores de la comunidad, las creencias y tradiciones de un grupo dado de creyentes con los cuales nos asociamos. Estos valores tal vez no sean obligatorios, pero sí son necesarios si vamos a quedar bien con una comunidad. Por ejemplo, consumir el vino en una comida es bíblicamente permisible, pero muchas comunidades de cristianos modernos prohíben la práctica. En este caso, uno pudiera privarse de esa libertad para el beneficio de la comunidad. Tercero, hay valores personales, las creencias que todos desarrollamos que nos hacen ser quienes somos como individuos. Por ejemplo, cada uno de nosotros valora diferentes clases de música, comidas, ejercicio, entretenimientos, carreras profesionales y lo que tenemos la libertad de hacer los domingos.

La conciencia monitorea por igual todos los niveles de valores. Nos sentiremos culpables de la misma manera, más o menos, si violamos el claro mandamiento de no mentir, quebrantamos públicamente una norma de la comunidad o violamos nuestras propias normas personales. Esta es la tarea de la conciencia. Esta no discrimina el nivel de los valores, solo monitorea y nos mantiene responsables ante las normas que reconocemos y aplicamos.

Por lo tanto, al tomar decisiones debemos delinear la clase de valor con la que estamos lidiando cuando sentimos la presión de la culpa. Al conocernos a nosotros mismos y por qué pensamos de la manera en que lo hacemos, elevamos a nuevos niveles las conversaciones que tenemos con nosotros mismos.

La conciencia y el discernimiento piadoso

La conciencia es una función que Dios creó que monitorea nuestras creencias dentro de nuestra capacidad reflexiva como seres humanos. Este aspecto de nuestra autoconciencia produce dolor y convicción cuando violamos nuestra perspectiva y valores. Esta función provee un freno moral para todos los seres humanos en referencia a sus valores, ya sean judíos, gentiles, cristianos o musulmanes, religiosos o ateos. Aunque el conjunto de valores puede diferir, la función es la misma. La conciencia no crea valores solo los monitorea mientras tenemos las conversaciones de juicios morales y de valores con nosotros mismos. Una voz externa de Dios o del diablo no invade nuestro espacio. Por el contrario, esa pequeña voz es «nosotros hablándonos a nosotros mismos».

A la luz del papel de la conciencia, permíteme regresar al dictamen «Deja que la conciencia sea tu guía». ¿Debemos seguir este dictamen? La respuesta es sí y no. La conciencia es una guía en el sentido de que nos convence para que mantengamos nuestras creencias al tomar decisiones. Por esta razón es que Dios nos creó con una conciencia. Obviarla crea un caos moral/de valores. Por otra parte, la conciencia no es la autoridad final; esta depende de nuestras creencias y valores. Por lo tanto, el sistema de guía final de nuestras vidas es el conjunto de nuestros valores. Si nuestros valores están equivocados, la conciencia no puede hacer nada sino seguir adelante con esto. Pablo tenía una clara conciencia en cuanto a matar a los cristianos hasta su propia conversión. Él pensaba que estaba sirviendo a Dios. La conciencia está sujeta a la crítica en términos de la evaluación de lo correcto de nuestras perspectivas y valores.

Esto nos hace regresar a Romanos 12 y a la necesidad de una mente transformada. Recuerda, la renovación de nuestras mentes es una reestructuración de nuestras creencias y sistemas de valores, un proyecto constante y de toda la vida. La transformación no estará completa hasta que estemos con Cristo en la eternidad. Si el proceso de la mente transformada reestructura nuestro sistema de valores, experimentaremos tensiones internas con la conciencia, igual que los débiles en 1 Corintios y yo mismo con el billar. La autoridad final para lo correcto o incorrecto, al igual que la gama del discernimiento piadoso, viene de los valores verificados y debidamente establecidos. La conciencia con el tiempo se alineará a sí misma con este proceso educacional.

Estas reflexiones deben ayudarnos a ver que los cristianos no podemos hacer que los sentimientos y la vocecita que escuchamos sea el fundamento para discernir las decisiones de la vida. Una cuidadosa delineación de los valores es lo que dirige el discernimiento piadoso.

EL SENTIMIENTO DE PAZ, ¿ES ESTA UNA RAZÓN PARA ACTUAR O UN PRODUCTO DE HACER EL BIEN?

Durante mis años de enseñanza a estudiantes de universidad, con frecuencia tenía el privilegio de hablar con parejas jóvenes a punto de comprometerse. Mi primera pregunta para ellos era: «¿Por qué creen ustedes que deben casarse?» La respuesta usual era «Porque estamos muy enamorados». A lo cual yo respondía: «¿Por qué?» Ellos me miraban extrañados queriéndome decir: «¿Dónde has estado? ¿No has visto lo enamorados que estamos?» A menudo ellos continuaban respondiendo con razones superficiales. Yo continuaba presionando hasta que eventualmente recibía la respuesta: «Porque Dios nos ha dado paz acerca de nuestra decisión de casarnos». Se esperaba que esta respuesta detuviera mi persistente pregunta. En sus mentes, la respuesta presentaba dos razones irrefutables: Dios y nuestros sentimientos interiores, los cuales, desde luego, son de Dios. La paz se convertía en la razón máxima para la acción. ¿Cuál es el papel de la paz en el discernimiento de la voluntad de Dios?

La palabra *paz* aparece más de noventa veces en el Nuevo Testamento. El uso más frecuente es para traducir su análogo hebreo *shalom. Shalom* era más que un saludo. Expresaba un deseo comprensivo para el bienestar del sujeto a quien se saludaba. Jesús la usó para simbolizar la bendición apostólica (Mateo 10:13). Calmó los corazones de sus inquietos discípulos en las apariciones después de la resurrección (Lucas 24:36; Juan 20:19, 21, 26). El término *paz* iba unido a la gracia en el saludo a principio de las Epístolas (Romanos 1:7; 1 Corintios 1:3; 2 Corintios 1:2; Gálatas 1:3; Filipenses 1:2; Colosenses 1:2; 1 Tesalonicenses 1:2; 2 Tesalonicenses 1:2; 1 Timoteo 1:2; 2 Timoteo 1:2; Tito 1:4; Filemón 3; 1 Pedro 1:2; 2 Pedro 1:2; 1 Juan 3; 3 Juan 14; Judas 2; Apocalipsis 1:4).

La paz también representa una secuencia de significado con relación al conflicto. Esta se puede relacionar con la ausencia del conflicto externo, un estado de paz (Hechos 9:31). Puede representar el cese de la hostilidad física (Mateo 5:9; 1 Corintios 7:15) o la hostilidad interna de uno hacia Dios u otros (Lucas 2:14; Juan 16:33; Romanos 5:1). La paz puede representar nuestra reconciliación con Dios (Hechos 10:36; Efesios 2:14-17; Colosenses 1:20; 2 Pedro 3:14) o con otros

(Filipenses 4:7). La conformidad a la voluntad moral de Dios en el proceso de santificación trae paz (Romanos 8:6).

La paz tiene que ver con una amplia variedad de experiencias pero esta nunca se usó en las Escrituras como un barómetro interno para medir la voluntad de Dios. Aunque los cristianos usan con libertad la frase «yo sé que es la voluntad de Dios porque siento paz acerca de esto», la Biblia nunca usa el término de esta manera. La paz es un producto de hacer lo correcto, no es una razón para la acción. Esta clase de expresión es similar a decir: «Mi conciencia no me molesta, y por lo tanto debe estar bien». Se apela a la conciencia y a la paz como evidencia para una acción. Si, como hemos observado, este es un uso incorrecto de conciencia, también es un uso inválido de paz. Tenemos una conciencia clara o sentimos paz cuando no estamos violando nuestros valores. Sin embargo, podemos tener estos sentimientos y todavía estar equivocados si nuestros valores son incorrectos.

La paz nunca es una razón para hacer algo. La paz es un producto, un sentimiento que viene cuando estamos contemplando o actuando en conjunto con las normas y valores que reconocemos y aplicamos. Nuestros valores deben ser correctos para evitar tener un falso sentido de paz. No estamos buscando un sentido de paz para actuar; debemos determinar si una acción es correcta y apropiada para que así podamos tener un sentido de paz. La paz no justifica las acciones, los valores sí.

Considera el relato de Evodia y Síntique en Filipenses 4. Estas dos damas eran trabajadoras de valor en la iglesia primitiva. Sin embargo, su relación se amargó. Esta ruptura estaba causando tensión en la congregación y ellas estaban creando mala fama. En público Pablo apela a ellas y a la iglesia para que hicieran que trabajaran juntas. Él afirmó sus valores y señaló los resultados que disfrutarían una vez que se resolvieran los problemas (4:2-7). El pasaje conocido: «Y la paz de Dios, que sobrepasa todo entendimiento, cuidará sus corazones y sus pensamientos en Cristo Jesús» (4:7), promete el resultado final para la iglesia de los filipenses una vez que se restaurara la armonía.

Conclusión

La conciencia es una función que Dios creó del conocimiento propio que nos mantiene en relación con las normas y valores que reconocemos y aplicamos. Es una esclava de nuestra cosmovisión y conjunto de valores. Por consiguiente, nuestra tarea es buscar una mente transformada para asegurar que la cosmovisión y los valores que guían nuestras vidas sean correctos y apropiados.

La conciencia se relaciona con el conocimiento de la voluntad de Dios, porque esta monitorea la voluntad moral de Dios y las estructuras de la cosmovisión cristiana que hemos desarrollado. La conciencia no es una voz independiente en nuestra alma como si estuviera hablándonos desde afuera de nosotros. Es la voz de nuestro ser interior que habla cuando tenemos esta conversación de discernimiento en nuestra mente. Cuando la información viene a nosotros (ver la figura 5 en la página 47), nosotros la procesamos de inmediato en vista de nuestra cosmovisión y nuestros valores. Este «filtro» interpreta la información y suministra una opinión acerca de cómo esta se relaciona con nosotros. Si estuviéramos llamados a mentir, nuestro filtro nos debe recordar que mentir viola la ley moral de Dios. Estamos convencidos de que no debemos mentir sino decir la verdad. Esto establece nuestra línea de acción. Si se nos pidiera que compráramos un artículo no esencial más allá de nuestras posibilidades, aunque lo queramos mucho, nuestros valores deben evaluar esta oportunidad para comprar a la luz de nuestras posibilidades, nuestras obligaciones financieras y las necesidades de nuestra familia. Esperamos que, cuando esta evaluación esté completa, ejercitemos la autodisciplina para manejar nuestros fondos de manera responsable en lugar de hacerlo de una manera egoísta.

El papel del Espíritu en la voluntad de Dios y el discernimiento piadoso

■ Comenzamos este libro con un repaso de la epistemología: la fuente, naturaleza y validez del conocimiento. ¿Cómo sabemos lo que sabemos, y cómo sabemos que lo que decimos saber es válido? Vimos que la solución para el problema del conocimiento de la verdad acerca de Dios y su voluntad viene en una forma de revelación. Sin la función reveladora de Dios, la humanidad no puede conocer la verdad al máximo. La Biblia es clara cuando dice que el Espíritu Santo, la tercera persona de la Trinidad, cumple un papel crucial en esta actividad reveladora. El papel del Espíritu en la promoción del conocimiento de Dios se enfoca en dos maneras: la producción de las Escrituras y la aplicación de las Escrituras. Los teólogos se refieren a la convicción interna de la aplicación del Espíritu de las Escrituras como «el testimonio del Espíritu». Necesitamos saber algo acerca de estas categorías antes de poder considerar la función del Espíritu en referencia a nuestro conocimiento de la voluntad de Dios. La pregunta crucial no es si el Espíritu está involucrado en nuestras vidas, sino cómo él hace su obra en nuestras vidas en este tiempo de la historia redentora.

EL ESPÍRITU SANTO Y LA PRODUCCIÓN DE LA BIBLIA

Vimos antes que 1 Corintios 2:6-16 presenta al Espíritu como el agente de revelación a los apóstoles. Un grupo en la iglesia rechazó la autoridad de Pablo y el mensaje de la cruz. En 1 Corintios 1–4, Pablo aseveró que su mensaje era válido porque no era producto de su mente sino revelado por Dios. El capítulo 2, versículos 6-16, está en el centro de este argumento. El dilema epistemológico de 2:6-9 se resuelve en el 2:10, «Ahora bien, Dios nos ha revelado esto por medio de su Espíritu». Por lo tanto, el discurso del apóstol usó las mismas palabras de Dios (cf. 14:37-38; 2 Pedro 3:15-16). Era la obra del Espíritu para asegurar que la revelación a los apóstoles estaba debidamente transferida a los documentos que llamamos las Escrituras (1 Corintios 2:10-13).

Pedro también habla acerca del papel del Espíritu en el proceso de llevar el mensaje de Dios al mundo. Los profetas, agentes de Dios que hablaron este mensaje, eran «impulsados por el Espíritu Santo» (2 Pedro 1:21). El término «impulsados» sugiere un barco en el mar en medio de una tormenta que ha perdido su habilidad para ir a donde quiere (Hechos 27:15, 27, el término *a la deriva* es el mismo de *impulsados*). El barco es el mismo, la tripulación es la misma, permanecen las personalidades de cada uno, pero ahora está sujeto a un poder mayor. Los apóstoles entendieron que el Espíritu Santo era el agente para comunicar lo que se convirtió en Escrituras (Hechos 1:16; 4:25; 28:25). La Biblia no explica cómo el Espíritu realiza la transferencia de la mente de Dios a un agente humano; solo lo asevera como una verdad. Sin embargo, este contexto está enfocado en personas especiales y no se aplica a cualquier persona. A menudo hacen mal uso de porciones de textos de este tipo. Juan 14–16 contiene el discurso de Jesús para los once discípulos acerca de su partida y su futuro. Esta declaración en Juan 16:13, que el Espíritu «los guiará a toda la verdad», no es una promesa general para cualquier cristiano sino que está dirigida a los discípulos que relatarían el ministerio terrenal de Jesús y la voluntad de Dios para la iglesia.

La palabra de Dios a través de los profetas y los apóstoles es única. Mucho de lo que comunicaron eventualmente se codificó en lo que llamamos Escrituras. Los textos bíblicos que reflejan este proceso no se pueden aplicar a Dios hablando al creyente típico. Hacerlo sería violar la regla del intento contextual.

EL ESPÍRITU SANTO Y LA APLICACIÓN DE LAS ESCRITURAS: EL TESTIMONIO DEL ESPÍRITU

La teología del testimonio del Espíritu trata acerca de tres aspectos principales donde el Espíritu convence a las personas de la verdad y validez del mensaje de Dios. La función del Espíritu en la presentación del Dios trino es ser el ejecutor de la voluntad de Dios. El Espíritu no origina el plan divino pero él lo logra en la corriente de la historia redentora. El Espíritu testifica acerca de otras cosas que no son él mismo. Él se enfoca en los objetos de proclamación redentora. Es la función particular del Espíritu ser testigo de Cristo, de la realidad de la salvación y de la Palabra de Dios, las Escrituras.

Durante la vida terrenal de Jesús, él apeló al testimonio externo de Juan el Bautista, las obras de Jesús, Dios el Padre y las Escrituras como la validación de la verdad de quién era él (Juan 5:31-40). La noche antes de su muerte, Jesús habló mucho con sus discípulos acerca de cómo sería después que él se fuera (Juan 13–17). Él les detalló a los apóstoles los aspectos del ministerio del Espíritu una vez que ya él no estuviera en la Tierra. Él dijo que el Espíritu sería el que testificaría acerca de él (Juan 15:26; Hechos 5:32; 1 Juan 4:2) y glorificaría a Jesús enfocando su atención en el Hijo de Dios (Juan 16:14). El testimonio del Espíritu a los apóstoles se relaciona con la enseñanza y vida terrenal de Jesús y al final está contenido en los Evangelios de nuestra Biblia. También hay un cambio de un testimonio externo a uno interno. Esto está de acuerdo con el papel del Espíritu para testificar acerca de algo en lugar de originar un material nuevo en cuanto a Jesús. Los creyentes de la actualidad ahora son responsables de testificar acerca de Jesús usando el contenido que los apóstoles nos pasaron. Esta clase de patrón continuó en la iglesia primitiva y se reflejó en los comentarios de Pablo en 1 Corintios 15:1-8 y en 2 Timoteo 2:2 donde él encarga a su protegido transmitir la misma enseñanza que él dio en público.

Incluso más elaborado que el testimonio del Espíritu de Cristo es su testimonio interno concerniente a la aplicación de la salvación. El Espíritu «convencerá al mundo de su error en cuanto al pecado, a la justicia y al juicio» (Juan 16:8). Este convencimiento del proceso interno del pecador debe referirse a una norma. Esta norma es la proclamación del evangelio externo que el Espíritu usa para hacer la obra interna de convicción. Después que uno ha creído la proclamación y pasa a la categoría de salvo, el Espíritu testifica la realidad de esa transacción. Considera las siguientes declaraciones bíblicas.

El Espíritu mismo le asegura a nuestro espíritu que somos hijos de Dios.

ROMANOS 8:16

El Espíritu es quien da testimonio de esto, porque el Espíritu es la verdad. ... El que cree en el Hijo de Dios acepta este testimonio.

1 JUAN 5:6, 10

Los verdaderos creyentes tienen en sí mismos una convicción resuelta de que conocen a Dios (1 Juan 4:13; Gálatas

4:6). Esta convicción es una evidencia de la obra del Espíritu en la salvación y la seguridad. Sin embargo, este no sucede en un vacío. Los contextos de Romanos y 1 Juan se enfocan en cómo el proceso santificador de la obediencia a la verdad confirma la realidad del cambio interno. El Espíritu obra dentro de este contexto para confirmar en el creyente la realidad de ese cambio.

El tercer aspecto del testimonio del Espíritu tiene que ver con la relación del Espíritu Santo con la Palabra de Dios, la Biblia. En 1 Corintios 2:6-16 encontramos que el Espíritu es un participante importante en la transmisión de la mente de Dios a través de los instrumentos humanos en la producción de las Escrituras. Este es un trabajo especial. Nosotros disfrutamos los beneficios del producto pero no somos parte de un proceso continuo de revelación.

Además del proceso de la revelación, el testimonio del Espíritu comienza donde la revelación termina y continúa su obra en referencia a la Biblia. Al papel del Espíritu con el creyente con relación a la Biblia a menudo se le ha llamado corrientemente «iluminación». Este término no está en la Biblia y tal vez es una pobre selección debido al bagaje que el cristiano normal puede incluir en este. Yo he escuchado cristianos igualar la iluminación y la revelación, es decir, un proceso extrabíblico de comunicación directa de Dios con nosotros. Esto es una comprensión errónea. La obra del Espíritu en el creyente con relación a la Palabra es una obra de convicción, no la comunicación de un nuevo contenido. Es un testimonio de la Palabra, no la transferencia de información además de la Palabra. El Espíritu nos persuade que la Palabra es cierta, autoritativa y merecedora de obediencia.

La iluminación con frecuencia se confunde con la revelación, hasta en los escritos de los teólogos. Textos tales como Juan 13–16, 1 Corintios 2:6-16 y declaraciones en los Evangelios y Hechos (Lucas 12:12; Hechos 11:28; 21:11) describen la actividad reveladora de Dios, no un proceso de iluminación. Estos informes en particular son también únicos en la corriente de la historia redentora. Igualar las declaraciones en estos textos con la idea de iluminación es confundir las categorías y crear expectativas falsas de parte de la comunidad cristiana actual.

La imagen de Juan de la unción del Espíritu en su primera epístola ilustra este testimonio del Espíritu a la verdad proclamada. Juan escribió a una comunidad de creyentes de quienes él había sido mentor. Ellos estaban en peligro de alejarse de lo que habían aprendido previamente debido a la falsa enseñanza persuasiva que Juan llama «anticristos» (1 Juan 2:18-27). Él les recordó de su «unción del Santo» (2:20, 27). Esta unción es responsable de que ellos conocieran la verdad como verdad (2:20-21). Esta verdad que ellos habían escuchado desde el principio de su relación con la enseñanza cristiana (2:24) se afirmó por la unción, a la cual Juan se refiere como la morada del Espíritu de Dios.[1] Ahora considere 1 Juan 2:26-27:

> Estas cosas les escribo acerca de los que procuran engañarlos. En cuanto a ustedes, la unción que de él recibieron permanece en ustedes, y no necesitan que nadie les enseñe. Esa unción es auténtica —no es falsa— y les enseña todas las cosas. Permanezcan en él, tal y como él les enseñó.

¿Alguna vez te ha dicho la gente que tú no necesitas estudiar o ir a la escuela para aprender la Biblia, porque el Espíritu que mora en ti es el único maestro que necesitarás? Quizás ellos citen el «no necesitan que nadie les enseñe» de este pasaje como un texto de prueba para su aseveración. Si esto es lo que Juan quería decir, entonces ¿para qué se molestó en escribir? ¿Por qué Jesús dio la Gran Comisión de «ir y enseñar»? ¿Por qué Pablo les dice a sus seguidores que enseñen a otros? ¿Por qué se da a la iglesia los maestros y el don de la enseñanza? Obviamente, este pasaje no significa que nosotros no necesitamos maestros. La inserción de una palabra en la declaración de Juan puede sacar a relucir el significado en el contexto: «no necesitan que nadie *más* les enseñe». Juan solo les recordaba a sus discípulos que, debido a que el Espíritu había confirmado lo que les habían enseñado desde el principio como verdad, ellos ahora no necesitaban escuchar a los falsos maestros.

¿Cuál es el papel del Espíritu Santo en nuestra adquisición del conocimiento de Dios? Su papel es convencernos de que la enseñanza bíblica es cierta, autoritativa y merecedora de nuestra obediencia. El Espíritu y la Palabra no están en competencia. El Espíritu da testimonio de la Palabra y nos hace responsables de esta. La obra del Espíritu hace que nuestros «ojos interiores» vean, que vean de verdad. Esta visión es la clase que lidia con la verdad hasta que esta nos cambie. Esta es la oración de Pablo en Colosenses 1 y Efesios 1. El misterio ya se ha revelado a los apóstoles y profetas a través de la historia redentora (Efesios 3:2-6). Ahora el Espíritu obra en los creyentes para capacitarnos a comprometernos en lo que se ha revelado para conocer mejor tanto a Dios como a su enseñanza (Efesios 1:17-18). No se explica cómo esta obra interna se realizó, solo se acepta como un hecho. Sin embargo, esta obra interna del Espíritu no es una obra de nuevas revelaciones sino una que nos ayuda a comprometernos con lo que Dios ya reveló y hace que esta verdad sea el centro de nuestra cosmovisión y conjunto de valores. Es una obra de persuasión con relación a la Palabra. Todo esto es parte del mandato de Romanos 12: «sean transformados mediante la renovación de su mente».

EL ESPÍRITU Y LA GUÍA: ¿QUÉ SIGNIFICA SENTIRSE «GUIADO» Y «SER LLENO»?

Ciertos pasajes en el Nuevo Testamento presentan la misma pregunta que revisamos en nuestra exposición de los ejemplos guía en el Antiguo Testamento: ¿Qué es normativo? Varios textos reflejan la guía directa sobrenatural del Espíritu en el

Nuevo Testamento. Recuentos de la actividad de Dios con Felipe (Hechos 8), Pedro (Hechos 10–11) y Pablo (Hechos 13:2; 16:6-7; 20:22-23) representan dichas guías. Sin embargo, ¿están estos patrones diseñados para ser normativos para los cristianos después de la era apostólica? Estos textos describen particularmente la diseminación fundamental del evangelio durante la era apostólica. Algunas han dicho que son normativas, pero la evidencia que ellos presentan tiene poca semejanza con los hechos originales del Nuevo Testamento. Yo veo dichos ejemplos como descriptivos y no normativos para el proceso de guía en el periodo postapostólico.

¿Qué tiene todo esto que ver con el conocimiento de la voluntad de Dios? El papel del Espíritu para guiar es hacer una obra interna que corrobora con la Palabra de Dios en lugar de ir más allá que la Palabra con la comunicación extrabíblica. Si no necesitáramos absorber la Palabra de Dios en nuestro proceso de razonamiento, robamos el Espíritu de lo que él necesita para hacer su obra de convicción y persuasión. Un ejemplo de esto es considerar los textos que nos dicen que seamos «guiados por el Espíritu»:

> Porque todos los que son guiados por el Espíritu de Dios son hijos de Dios.
>
> ROMANOS 8:14

> Pero si los guía el Espíritu, no están bajo la ley.
>
> GÁLATAS 5:18

Guía en ambos pasajes se usó como una metáfora de santificación y no representan guía extra bíblica del Espíritu. La guía del Espíritu en este contexto es convencer y obligarnos a vivir piadosamente como nos instruye la enseñanza bíblica. Romanos y Gálatas son contextos que lidian con el proceso de santificación en los creyentes.[2] Santificación es una condición y un proceso. Aquellos que creen en Jesús han sido santificados, «puestos aparte», como los redimidos. Los redimidos también tienen que buscar la santidad (Hebreos

12:14; Efesios 1:4; Filipenses 3:12, 1 Tesalonicenses 4:3-4). Esta búsqueda es parte de nuestra transformación moral a la imagen de Cristo (1 Corintios 13:12; 1 Juan 3:1-3). Además de la metáfora «guía», Pablo también usa la metáfora de «andar» en el Espíritu (Gálatas 5:16; Efesios 4:1; en versiones modernas «andar» se traduce como «vivir»). La frase «guiado por el Espíritu» particularmente se ha apartado de su contexto y declarado como una voz directa del Espíritu para cada creyente como una parte de la orientación. Esto a menudo se amplía para explicar las voces interiores que experimentamos. Sin embargo, dichas propuestas pierden los contextos de Romanos y Gálatas.

Romanos 6–8 son capítulos clásicos sobre los conceptos de posición y santificación progresivos. La santificación es la enseñanza bíblica acerca de nuestra posición legal ante Dios (posicional) y nuestra responsabilidad para crecer en nuestra obediencia a las enseñanzas de Dios (progresivo). Pablo ensaya su propia experiencia en la vida para conocer a Dios y lidiar con el pecado.

> No entiendo lo que me pasa, pues no hago lo que quiero, sino lo que aborrezco. Ahora bien, si hago lo que no quiero, estoy de acuerdo en que la ley es buena; pero, en ese caso, ya no soy yo quien lo lleva a cabo sino el pecado que habita en mí. Yo sé que en mí, es decir, en mi naturaleza pecaminosa, nada bueno habita. Aunque deseo hacer lo bueno, no soy capaz de hacerlo. De hecho, no hago el bien que quiero, sino el mal que no quiero. Y si hago lo que no quiero, ya no soy yo quien lo hace sino el pecado que habita en mí.
>
> ROMANOS 7:15-20

En Romanos 6–8, Pablo presenta la batalla moral entre la carne y el espíritu. Como cristianos, sabemos lo que es correcto pero nos falta el poder para hacerlo. Saber lo correcto no es el problema, hacerlo sí lo es. Lo correcto se sabe por la verdad revelada de Dios. La respuesta de Pablo a este dilema moral de nuestra voluntad es que el Espíritu de Dios que mora en nosotros nos capacita para dar «muerte a los malos hábitos del cuerpo» (8:13) de manera que podamos vivir de acuerdo a la voluntad de Dios. Cuando hacemos esto, nuestra conducta moral evidencia la obra del Espíritu en nuestras vidas y, por lo tanto, prueba al mundo y a nosotros que somos «hijos de Dios». La metáfora de Pablo «guiados por el Espíritu» solo declara que esta victoria moral es el resultado del Espíritu de Dios capacitando al creyente a vivir como Dios dice en su Palabra. Esta es la obra del Espíritu de convencer al creyente a vivir de acuerdo con la Palabra. Por consiguiente, en Romanos 8:14, Pablo usa un lenguaje religioso para declarar que cuando vivimos de acuerdo a la verdad de Dios demostramos que somos hijos de Dios. El Espíritu de Dios es el que hace esta vida posible, porque él nos capacita al ser nacidos de nuevo (regeneración) para obedecer la Palabra de Dios. Pablo usa el término *guía* como una metáfora para afirmar la obra del Espíritu de acuerdo con la enseñanza de Dios. Esto es análogo a 1 Corintios 12:3, donde Pablo declara: «nadie puede decir: "Jesús es el Señor" sino por el Espíritu Santo». Obviamente, cualquier persona puede decir las palabras «Jesús es el Señor». Pero someterse a Jesús como Señor, la esencia de reconocer que él es Señor, es una obra del Espíritu que convence.

Gálatas 5:18 también habla de santificación. El contexto de Gálatas 5–6 es como una especie de emparedado (ver la figura 11 en la próxima página). Los pedazos de pan están en 5:13-15 y 6:1-13, estableciendo los límites del contexto. Gálatas 5:14: «En efecto, toda la ley se resume en un solo mandamiento: "Ama a tu prójimo como a ti mismo"», se equilibra con 6:2 «Ayúdense unos a otros a llevar sus cargas, y así cumplirán la ley de Cristo». Entonces 5:16-26 es el contenido del emparedado, ofreciendo una exposición de lo que significa amar a tu vecino. Las palabras de la carne son evidencia de que uno no ama a su vecino (5:19-21) y el fruto del Espíritu es una exposición de lo que significa amar a tu vecino (5:22-26). Cuando la comunidad creyente demuestra las características enumeradas como frutos del Espíritu, ellos muestran que están «guiados por el Espíritu» (5:18). El Espíritu convence y da vigor a la comunidad para vivir en conformidad con las normas divinas en actitud y acciones. Cuando hacemos esto, mostramos que realmente somos hijos de Dios.

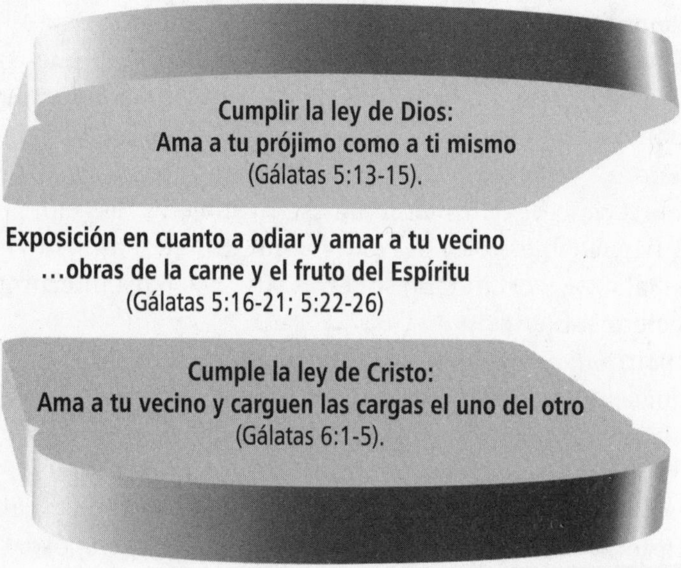

Cumplir la ley de Dios:
Ama a tu prójimo como a ti mismo
(Gálatas 5:13-15).

Exposición en cuanto a odiar y amar a tu vecino
...obras de la carne y el fruto del Espíritu
(Gálatas 5:16-21; 5:22-26)

Cumple la ley de Cristo:
Ama a tu vecino y carguen las cargas el uno del otro
(Gálatas 6:1-5).

Fig. 11. Gálatas 5–6 en el contexto

Otra metáfora Paulina es tener «la plenitud» del Espíritu. En el capítulo 6, cuando examinamos Colosenses 1, vimos que la metáfora «llenos» significa ser «caracterizado». Este mismo significado también le sirve a Efesios 5:18, donde estar «llenos del Espíritu», refleja que la conducta piadosa lo caracterice a uno. La palabra *controlado* a menudo se usó para explicar la metáfora «lleno», pero esta no capta el significado del contexto donde ocurre este uso. En Efesios 5: «anímense» (v. 19), «dando siempre gracias» (v. 20) y «sométanse» (v. 21) realmente modifican el verbo intransitivo «llenos» en 5:18, y por lo tanto provee la clave a su significado. La frase «del

Espíritu», establece el ambiente de la caracterización en lugar de su contenido. Una vida caracterizada por la naturaleza de Efesios 5:19-21 es una vivida de acuerdo a la persuasión del Espíritu.

El Espíritu es el agente divino del desarrollo moral. Él corrobora la Palabra de Dios con nuestras reflexiones para convencernos a aplicar nuestra perspectiva y conjunto de valores. Cuando el creyente demuestra la verdad moral que enseña la Biblia, está «guiado» por el Espíritu. Esta obra del Espíritu nunca está aparte de la Biblia sino que concuerda con esta. La obra interna del Espíritu es como la de la conciencia. Esta es una obra de convicción en referencia a algo. Es imposible delinear esta obra interna en un paquete limpio de definición. La esfera subjetiva es real, pero requiere el objetivo de la Palabra, nuestro alineamiento con esa Palabra, y el cuidado soberano de Dios para interpretar la esfera subjetiva.

Afirmar que «guiado por el Espíritu» o «lleno del Espíritu» implica alguna relación mística mediante la cual se transfiere a una información extrabíblica con el propósito de guiar, es violar los contextos donde ocurren estas declaraciones. Aquellos que leen los escritos de Pablo pueden abusar de las metáforas que él usa para enmarcar el lenguaje religioso. Las metáforas se deben explicar. La integridad de un contexto literal debe proteger tales expresiones y sus explicaciones. Sin embargo, cuando estos contextos se violan, la imaginación del lector es su única limitación.

LOS DONES DE LOS CREYENTES Y LA VOLUNTAD DE DIOS

Pablo describe la presencia del don espiritual en la iglesia como una obra del Espíritu (1 Corintios 12). ¿Cómo la obra del Espíritu en los dones se relaciona con nuestro conocimiento de la voluntad de Dios para nuestras vidas? La respuesta simple es que Dios espera que lo sirvamos en la iglesia al ejercitar los dones que la iglesia reconoce. Nosotros no le decimos a la iglesia cuáles son nuestros dones, la iglesia nos lo dice. Los dones surgen y están reconocidos como tal en medio del servicio. Al hacer este servicio, cada uno de nosotros cumple con una contribución al reino de Dios que es la iglesia. Esto es parte de la voluntad de Dios declarada. Solo hazlo.

El ejercicio de los dones es una «manifestación especial del Espíritu» (1 Corintios 12:7) en el sentido de que nuestros dones reflejan la presencia de Dios en la congregación con el poder que les da el Espíritu. En la iglesia primitiva, había manifestaciones milagrosas. Estudia 1 Corintios 12:8-11, donde toda la lista representa los dones tipos milagroso. La lista está hecha con ocho asuntos, «poderes milagrosos» siendo el eje en el medio que da contexto a los otros. Los ocho asuntos pueden muy bien ser cuatro dobles: mensaje de sabiduría/conocimiento, fe/sanidad —poderes milagrosos— profecía/discernimiento de espíritus (no demonios sino espíritus de profetas), lenguas/interpretación de lenguas.[3]

El término griego estándar para «dones» nunca aparece como una etiqueta de regalo para estas expresiones en la Biblia en griego. El español usó *dones* para traducir las palabras en griego *carisma* (una entrega milagrosa de la gracia divina en la literatura bíblica, otras formas se pueden construir como un «don de gracia») y *pneumatikos* (el adjetivo para «espiritual»). A veces percibimos un concepto popular de «Navidad» en el término de don y por lo tanto entendemos mal la naturaleza de estas funciones en la iglesia. Los dones espirituales no milagrosos que Pablo citó no son una dote especial que nunca tuvimos antes de la conversión. Por el contrario, son el desarrollo de nuestros talentos innatos en el contexto de la comunidad creyente y sus actividades.

La Biblia contiene solo cuatro listas de estas manifestaciones que llamamos dones (Romanos 12:6-8; 1 Corintios 12:8-10; 12:28; Efesios 4:11; cf. 1 Pedro 4:7-11). Las listas son variadas y cada una tiene un propósito diferente en el contexto. Debemos recordar que cualquier lista dada nunca está completa y que todas las listas combinadas no representan todo lo que pudiera incluirse. Las listas son representativas. Las listas de dones que tenemos contienen asuntos que van desde algo que requiere un milagro hasta el don de ayudar. Parece mejor que comprendamos que los dones no milagrosos aparecen en la congregación en forma de personas que son dotadas de ciertas maneras. Algunos pueden enseñar, otros no. Algunos animan, otros no. Algunos son líderes, otros no. Algunos son «dotados» mostrando misericordia o dando a otros, otros no. Estos dones, y todo lo que pudiéramos añadir a la lista en nuestra cultura, no se deben leer como que requieren un otorgamiento milagroso de algo que no poseíamos antes de la conversión. Los dones son dones espirituales porque ahora cumplimos nuestros dones naturales bajo la cobertura de la iglesia en lugar del mundo. En este sentido, los dones son espirituales y acreditados al Espíritu que supervisa la iglesia.

La conversión destaca nuestras naturalezas verdaderas y nos lleva a la altura que somos capaces de lograr. Recuerdo muy bien cuán desenfocado yo estaba como un joven adulto no salvo. Yo era tímido. No me gustaba leer. La escuela no era algo preferido para mí. La conversión me hizo surgir. Ahora le hablo regularmente a grandes audiencias. Mi vocación es leer y enseñar. Poseía estas habilidades antes de la conversión, pero yo no estaba viviendo en un contexto para ejercitar mis dones. La iglesia me dio este contexto y me motivó. El Espíritu de Dios me hizo progresar, de maneras que nunca podré explicar, para cumplir mi «destino». La providencia de Dios estableció el escenario de maneras inexplicables.

Por lo tanto, los dones espirituales son parte de la voluntad de Dios para nuestras vidas. Nosotros no «encontramos» nuestros papeles a través de algún proceso místico. No esperamos hasta «encontrar» lo que debemos hacer para servir a

Dios en la iglesia. Nos involucramos y haciéndolo, se cumple el plan de Dios de maneras asombrosas.

CONCLUSIÓN

El Espíritu Santo está íntimamente involucrado en el cumplimiento de la voluntad de Dios en el mundo y en nuestras vidas. La pregunta para nosotros es ¿cómo se evidencia la obra del Espíritu en este proceso? La Biblia registra muchos aspectos milagrosos de la intervención directa del Espíritu en la historia redentora y luego de hacer realidad la Biblia escrita. ¿Pero es este nuestro modelo para el papel normativo del Espíritu en la guía del creyente individual actual? Reflexionar en nuestra experiencia de conversión tal vez nos ayude a imaginar cómo el Espíritu obra en nuestras vidas hoy. Usaré mi propia historia como una ilustración.

Como ya mencioné antes, yo no me crié en un hogar cristiano. Nunca vi a mi padre en una iglesia. De niño solo tuve una modesta relación con alguna iglesia y esa relación fue más para los Boy Scouts que para el ministerio Awana para niños. Yo era un adolescente rebelde y a los diecisiete años me uní a la marina. Cuando llegué al campamento de entrenamiento, los gedeones distribuyeron Nuevos Testamentos, tamaño bolsillo. Intentaba leer el mío pero no entendía lo que estaba leyendo. En ese entonces, yo ni siquiera asociaba el cumpleaños de Jesús con las Navidades. Al mismo tiempo, en retrospectiva, yo estaba en el proceso de convicción por el Espíritu de mi necesidad de conocer a Dios. Sentía como una incomodidad interna y una sed por una experiencia religiosa que no podía explicar. No había voces, solo una «presión» de investigar las cosas cristianas. Sin embargo, evitaba la predicación como si eso fuera una plaga. En mi casa, durante una licencia, de «casualidad» coincidí con una Escuela bíblica de vacaciones en la que los niños se vistieron como indios y la maestra estaba contando la historia del hijo pródigo. Creí que no me haría daño escuchar ya que esto no era una iglesia. La historia de esta parábola comenzó a darme una nueva comprensión de Dios y de mí mismo. Un viejo amigo de la familia me llevó a la iglesia más o menos una semana después. Mi recuerdo del servicio es muy borroso, pero todavía recuerdo vívidamente la invitación al final del sermón. Yo me sentía muy incómodo (es decir, bajo convicción). No quería mezclarme con un compromiso cristiano. Pero cuando el predicador nos pidió que bajáramos la cabeza y cerráramos los ojos, me sucedió algo extraño. ¡Vi una luz! Bueno, algo así. Cuando tú cierras los ojos en un estado emotivo sientes, en el proceso, un destello de una clase de luz blanca. Antes, yo había perseguido verbalmente a los cristianos con una canción burlona *I Saw the Light* [Yo vi la luz]. Pero cuando ese fenómeno natural de cerrar los ojos me causó ese destello de luz, me impactó como un foco en un concierto de rock. Yo no sabía nada acerca de la verdad cristiana, pero tenía la superstición que si «tú ves la luz» y la rechazas, te aniquilas. Ese hecho me llevó a responder a la invitación, tener a alguien que me explicara la salvación y responder con una simple oración pidiendo salvación. Ese día yo estaba completamente «salvo». El Espíritu usó hasta mi punto de vista supersticioso en cuanto a la «luz» para situarme en un contexto donde la verdad de la salvación mediante la obra de Cristo se podía explicar. Mi peregrinaje desde ese momento confirma que yo respondí apropiadamente a la convicción del Espíritu.

Ahora bien, ¿fue esa «luz» un milagro? No. ¿Escuché alguna voz audible? No. Sí es cierto que yo tuve una conversación interna conmigo mismo, pero ¿era esa voz la voz audible de Dios hablándome? No. Por el contrario, el engranaje de los hechos, un conocimiento modesto y la inexplicable convicción interna del Espíritu unió todo esto para hacer posible mi conversión.

¿Qué acerca de mi peregrinaje cristiano hasta ahora, casi cuarenta años después de aquel suceso? ¿Cómo el Espíritu logró la voluntad de Dios en mi vida? ¿Cómo me ha guiado en un andar que dio por resultado el desarrollo moral que la Biblia demanda? ¿Cómo me guió él desde la marina, a través de la escuela y en la vocación de la enseñanza cristiana? Él lo hizo de la misma manera, con una interna convicción inexplicable que me llevó todos los días a la Palabra y al servicio. Ha sido un gran viaje.

La convicción es la obra del Espíritu guiándote. Nuestra obra es determinar lo bueno o lo malo de lo cual estemos convencidos en términos de nuestro punto de vista bíblico y el conjunto de valores. Somos responsables de seguir el discernimiento piadoso en esta matriz. Podemos descansar en el hecho de que Dios cumplirá su voluntad en este proceso.

La Biblia no presenta un modelo de la morada del Espíritu proveyendo acceso secreto a la mente de Dios como una norma para discernir la voluntad de Dios. No hay una categoría especial para cristianos iluminados que tengan un acceso único a la mente de Dios. Todos tenemos la misma oportunidad de conocer la voluntad de Dios si somos «un obrero que no tiene de qué avergonzarse y que interpreta rectamente la palabra de verdad» (2 Timoteo 2:15).

La función del Espíritu no es proveer una comunicación constante de la voluntad de Dios para nosotros. Tampoco es la obra del Espíritu revelarles a los creyentes el futuro según lo requieran. La función del Espíritu para los cristianos es la de convicción y persuasión en referencia a la Palabra de Dios. Esta convicción no está limitada a un texto en particular, como tampoco está el desarrollo de nuestra cosmovisión y valores. La obra del Espíritu se relaciona con todo el proceso de la mente transformada. El problema es que no tenemos la manera de detectar cuándo una convicción interna proviene de la conciencia, el Espíritu, o de nuestros deseos. Es por eso que necesitamos un procedimiento objetivo para tomar decisiones que estén basadas en la validación de nuestra comprensión de la Biblia y la cosmovisión y conjunto de valores que decimos tener. Esto no es tan cómodo ni tan seguro como tener un proceso revelador directo, pero es el proceso que

Dios ha creado para desarrollarnos como personas creadas a su imagen.

Hemos observado que la conciencia y el Espíritu juegan papeles similares, ambos realizan la tarea de la convicción interna. La conciencia nos convence acerca de los valores que reconocemos y aplicamos. El Espíritu nos convence de lo que enseñan las Escrituras y del valor que derivamos de esta. La mayoría de las veces es imposible saber si nuestro sentido interno de convicción viene de la conciencia o del Espíritu. El asunto clave es que tenemos que probar todos nuestros sentimientos de convicción mediante un análisis objetivo de la enseñanza de la Biblia y nuestra propia aplicación de sus valores. Si un sentido interno de la convicción contradice las Escrituras, podemos estar seguros de que esta no es una convicción del Espíritu. Si nuestros sentimientos de convicción están de acuerdo con la Biblia y nuestros valores, entonces debemos responder.

La oración y
la voluntad de Dios

■ El pastor Tom estaba trabajando en el sermón del próximo domingo cuando Dan entró de repente a la oficina.

—Pastor —dijo él—, necesito que ore por mí.

Dan era el superintendente de la Escuela Dominical de la iglesia, estaba casado con Joan, y era el padre de tres niños bulliciosos.

—Dan, ¿acerca de qué quieres que ore?

—Bueno, acabo de recibir una llamada telefónica de mi jefe con una oferta maravillosa para progresar en mi compañía. Joan y yo hemos hablado acerca de esto pero no encontramos paz acerca de qué hacer y necesitamos oración. Yo realmente quiero saber la voluntad de Dios en esta decisión. ¿Orará usted pidiendo que Dios me muestre qué debo hacer?

—Dime más —dijo el pastor Tom.

Dan repasó su actual empleo. Él trabajaba desde una oficina en su casa, en su computadora, y viajaba dos o tres días al mes para visitar clientes. Tenía un puesto de mando intermedio y ganaba muy buen dinero. Joan también tenía una carrera de enfermera. El arreglo de trabajar desde el hogar de Dan les daba la flexibilidad que ellos necesitaban para cuidar a los tres niños sin llevarlos a una guardería ni tener que dejar que los niños salieran y regresaran a la casa sin estar los padres presentes. La nueva posición en la compañía cambiaría la vida de Dan drásticamente. Comenzaría a viajar más o menos quince días al mes, con algunos viajes internacionales prolongados. Todos los meses estaría fuera de la casa durante un fin de semana y a veces, pero casi nunca, dos fines de semana. Tendría que mudar su oficina a las oficinas centrales de la región porque estaría supervisando a otras personas.

Dan y Joan estaban concentrados en el aumento del sueldo que recibiría Dan, casi cincuenta por ciento más. ¡Por primera vez él estaría ganando más de cien mil dólares! Este dinero extra los ayudaría a lograr sus metas para el fondo de los estudios universitarios de los muchachos al igual que su retiro futuro. Joan hasta sería capaz de disminuir sus horas para ayudar con el cuidado de los niños.

Dan explicó al pastor Tom que él no tendría que aceptar esta oferta para tener seguridad de seguir en la compañía, pero le impresionó que esto viniera tan pronto en su carrera. Seguramente el mismo hecho de una oferta podría indicar que era la voluntad de Dios. El pastor Tom escuchó muy cuidadosamente a Dan mientras explicaba su situación. Mientras mayores eran los detalles, más obvio se hacían los conflictos de los valores. Mientras Dan ensayaba el escenario en voz alta, comenzó a tener conciencia de estos conflictos y a razonar cómo lidiar con su familia versus los valores de la carrera. Llegado a un punto le comentó al pastor Tom: «No creo que el asunto es cuánto tiempo yo empleo con los niños y Joan, sino cómo empleo el tiempo que paso con ellos. ¿No señaló usted esto en uno de sus sermones?» Dan estaba comenzando a sentir el valor de la tensión a medida que pensaba en alta voz con su pastor, pero él y Joan estaban tan sobrecogidos con la oportunidad, que les faltó objetividad en su análisis.

Después de escuchar durante un tiempo, el pastor Tom dijo:

—Dan, ¿han hecho tú y Joan una tabla de los asuntos y valores involucrados en esta decisión como yo expliqué en mi reciente serie sobre la voluntad de Dios?

—Bueno, hicimos un poco de eso —replicó Dan.

—¿Qué aprendiste acerca de la decisión mediante ese proceso, Dan?

Dan, con una risa nerviosa, dijo:

—Pensamos que usted nos haría esa pregunta.

El pastor Tom se echó a reír y ayudó a quitar un poco de tensión.

—Pero, pastor, ¿por qué tan a menudo nos vemos entre los conflictos de valores? ¿Por qué tenemos que elegir?

—A veces no lo tienes que hacer —contestó el pastor Tom—, pero los valores que están relacionados con cada decisión variarán en gran manera. Si los muchachos estuvieran en la universidad o fueran casados, tu gráfica tomaría una estructura muy diferente. Así que Dan, ¿cómo crees que debemos orar acerca de esto?

—Bueno, pastor —replicó Dan— yo sé lo que mis valores me están diciendo que debo hacer. Solo que soy un poco lento para escuchar. Creo que necesito que usted ore para que Joan y yo tengamos el valor de hacer lo que realmente creemos que es correcto en este momento de nuestras vidas.

—Vale la pena orar por eso —replicó el pastor Tom mientras bajaba la cabeza.

LA ORACIÓN ESTÁ SUJETA A LA VOLUNTAD DE DIOS

Las familias cristianas constantemente confrontan variaciones de este escenario. Las personas calificadas y trabajadoras arduas, siempre tienen más oportunidades de las que pueden realizar. Cada decisión que confrontamos está llena de conflictos de valores. A veces es un conflicto claro de bueno o malo, a veces es la diferencia entre bueno, mejor e insuperable. La oración no es una ruta divina para establecer las decisiones. Necesitamos la guía de los valores bíblicos para lidiar con las circunstancias de la vida. Necesitamos saber qué valores nos guían para orar apropiadamente.

Nuestro conocimiento de Dios es fundamental para nuestras perspectivas y nuestra comprensión de la oración. Dios es todopoderoso, bueno y amoroso. Sin embargo, no siempre ejercita su poder para lograr las cosas buenas por las cuales oramos. Por ejemplo, ¿cuántos de nosotros ha orado por la salvación de un ser querido solo para verlo morir siendo incrédulo? ¿Cuántos hemos orado por un hijo rebelde solo para verlo destruirse? Nos preguntamos, ¿dónde está este Dios bueno y todopoderoso que dice amarnos? O quizás nos deprimimos porque creemos que algo anda mal con nosotros y que esto fue lo que impidió que Dios respondiera nuestras peticiones. Esta manera de pensar no explica adecuadamente la oración y la voluntad de Dios.

¿Contesta Dios las oraciones? Sí. La Biblia dice: «Pidan, y se les dará» (Mateo 7:7-8). ¿Pero es esta una promesa incondicional para que siempre podamos obtener lo que pedimos? No. Como tampoco son nuestra fe y piedades personales la clave para que se nos contesten nuestras oraciones. Personas piadosas a menudo ven sus oraciones sin contestar. Las oraciones no contestadas no son un barómetro de espiritualidad. La oración de Jesús en Getsemaní ilustra que la voluntad soberana de Dios es el último árbitro de la respuesta a la oración. La «copa» con la cual Jesús luchó (Mateo 26:36-46; Lucas 22:39-46) probablemente se refiere a ese período en la cruz cuando él exclamó: «Dios mío, Dios mío, ¿por qué me has desamparado?» (Mateo 27:45-46; Marcos 15:33-34). La honestidad del alma de Jesús confiesa que esta era una copa que él pudo evitar. Él oró para evitarla. Pero en cambio, se sometió a la voluntad y plan de Dios. La comprensión de Jesús respecto al plan de Dios como se revela en las Escrituras que él estudió, junto con su relación única con el Padre, dan forma a todas las oraciones de Jesús. Aceptar la voluntad soberana de Dios según sean los resultados de nuestras oraciones es nuestra más grande expresión de fe. Esta clase de fe es el producto de una cosmovisión que sabe quién es Dios.

Considera a Juan el Bautista. Las familias de Juan y Jesús eran muy cercanas. Juan solo era seis meses mayor que Jesús (ver Lucas 1:23-26). Durante su niñez es probable que ellos se vieran dos veces en el año, en la primavera y en el otoño, cuando se celebraban las festividades religiosas en Jerusalén. La vez que no encontraban a Jesús en la caravana de regreso al norte después de las festividades de la Pascua, María y José se equivocaron al creer que Jesús andaba con algunos parientes o amigos (Lucas 2:41-50). Yo creo que durante las festividades él y Juan pasaban gran parte del tiempo juntos y los padres creyeron que de nuevo andaban juntos. Las conversaciones de Juan y Jesús deben haber sido muy interesantes, especialmente ya que Juan nunca supo que Jesús era el Mesías sino hasta después que lo bautizó (Juan 1:29-34). Juan nunca llamó a Jesús el Cordero de Dios hasta después del suceso del bautizo. La información de las narraciones del nacimiento, que es tan clara para nosotros, evidentemente era tan austera para estas familias que ellos nunca comprendieron por completo su significado.

Juan hizo un buen trabajo al ser el precursor del Mesías. Después del bautizo de Jesús, comenzó un año calmado en el ministerio de Jesús a medida que Juan paulatinamente dejaba de ser el centro de atención (el «año de la oscuridad» del ministerio de Jesús solo aparece en Juan 1–4). Repetidamente Juan señala a Jesús como el Cordero de Dios y los discípulos de Juan comenzaron a seguir a Jesús (ver Juan 1:35-42). Este se convirtió en el patrón, tanto que los discípulos de Juan con el tiempo se quejaron: «todos acuden a él» (Juan 3:26; ver también 4:1-3). Juan vio todo esto como parte de la presentación al Mesías diciendo: «A él le toca crecer, y a mí menguar» (Juan 3:30). Bien entrado en el primer año del ministerio de Jesús, Juan estuvo preso (Lucas 3:19-20).

Ver la cercanía de Juan y Jesús aclara el relato de Juan en la prisión que se encuentra en Lucas 7:18-35. Mientras Juan languidece en la prisión de Herodes, comenzó a preguntarse por qué se estaba perdiendo el más grande de los eventos en la historia judía, especialmente ya que él era el vicepresidente de este evento. Creo que podemos creer que Juan oró mucho por su difícil situación y por las preguntas que se hacía. Cuando la oportunidad se presentó, él envió a sus discípulos a Jesús con la pregunta: «¿Eres tú el que ha de venir, o debemos esperar a otro?» (Lucas 7:19). Esta pregunta rara, a la luz de Juan 1–4, reflejó el desánimo y la confusión de Juan. Aunque él no estaba buscando prominencia, quizás consideró que si Jesús era el Mesías, él debía tener más participación con Jesús. Esta pregunta de seguro reflejó un aspecto de las oraciones de Juan en la reclusión de su prisión. Jesús no le dio una respuesta directa a los discípulos de Juan, pero en su lugar citó textos bíblicos y desafió a Juan a sacar sus propias conclusiones (Lucas 7:22-23). Tan pronto como los discípulos de Juan salieron para llevar el mensaje de Jesús, Jesús hizo reflexionar a su audiencia acerca de la grandeza de Juan, llamándolo el más grande que ha nacido de mujer (Lucas 7:28). Es probable que Juan muriera sin enterarse de los comentarios de Jesús.

Si la más grande de las personas jamás nacida experimentó un cielo mudo, entonces ¿qué derecho tenemos de exigir lo que pidamos de Dios? Dios responde a la oración de acuerdo con su voluntad. Mientras que la vida de Juan terminó en la prisión de Herodes, pudo ser la voluntad de Dios evitar que Pedro sufriera un destino similar un tiempo después (Hechos 12). Dios no está obligado a informarnos si algo es o no es su soberana voluntad. Nuestra obligación solo es orar y luego aceptar los resultados de la voluntad de Dios.

La oración cumple la voluntad de Dios

Si es verdad que la oración está sujeta al plan y voluntad soberana de Dios, entonces, ¿para qué orar? La respuesta es sencilla. Porque Dios nos mandó a orar, y en su propia sabiduría,
él diseñó que nuestras oraciones fueran parte de su plan. Sin
embargo, él no escogió revelar su plan por adelantado. Por lo
tanto, con frecuencia encontramos que nuestras oraciones,
incluso las oraciones buenas y apropiadas, sufren conclusiones mezcladas. Dios espera que nosotros descansemos en
su bondad y sabiduría no importa cómo sea el resultado de
nuestras oraciones. La oración no forma la voluntad de Dios
pero es una respuesta obediente a las expectativas de Dios
para nosotros.

La oración es una respuesta a la voluntad moral de Dios.
Se nos manda a orar. De hecho, las formas verbales del lenguaje de la oración por lo general están en el modo imperati-
vo. «Padre nuestro que estás en el cielo, … *Danos* hoy nuestro
pan cotidiano. *Perdónanos* nuestras deudas, … *no nos dejes*
caer … *líbranos*…» (Mateo 6:9-13, énfasis del autor). La oración no es un ejercicio para los tímidos. No obstante, yo creo
que todos tenemos el sentido de que tampoco es un ejercicio
mandón. La oración requiere que equilibremos la audacia
que Dios espera de nosotros con una perspectiva que respete
el espacio y las prerrogativas de Dios. Oramos sin reservas
por nuestras cargas, pero aceptamos el resultado final de
nuestras oraciones como la voluntad de Dios. Nosotros somos
las criaturas dependientes. Solo Dios es independiente. La
oración es una manera de vida, la cual demuestra nuestra
dependencia en Dios (1 Tesalonicenses 5:17). Como lo declara
Pablo: «Estén siempre alegres, oren sin cesar, den gracias a
Dios en toda situación, porque esta es su voluntad para ustedes en Cristo Jesús» (1 Tesalonicenses 5:16-18).

Cuando Pablo nos exhorta a dar «gracias a Dios en toda
situación», él supone que algunas circunstancias no son
positivas. Pablo espera que nosotros nos comprometamos

con los entornos negativos de la vida en lugar de buscar una salida. Gozo, oración y un espíritu agradecido en cualquier situación en que nos encontremos son las actitudes que reflejan una vida guiada por el Espíritu para cumplir la voluntad de Dios.

LA ORACIÓN DESCANSA EN LA VOLUNTAD SOBERANA DE DIOS

La oración reconoce la voluntad soberana de Dios. En Jesús y Juan vimos ejemplos de oraciones sin contestar a la luz de un mayor propósito del plan de Dios. Jesús reflejó su conocimiento de estos propósitos, y aunque luchó con lo que esto significaba en la vida, él mismo se sometió al plan de Dios. Es probable que la lucha de Juan durara hasta el fin sin el conocimiento de los propósitos que Dios tenía. Me gustaría creer que cuando Juan recibió el informe de los mensajeros —en que Jesús cita el Antiguo Testamento y señala cómo estos hechos se cumplían ahora en su ministerio terrenal— se renovó la confianza previa de Juan en Jesús como el Mesías. La gente piadosa demuestra confianza a pesar de las circunstancias. Sin embargo, Juan pudo haber muerto sin escuchar las declaraciones de Jesús.

La relación de la oración con el cumplimiento del plan de Dios ha generado una gran cantidad de discusiones entre los teólogos. Terrance Tiessen publicó un libro titulado *Providence and Prayer: How Does God Work in the World?* [Providencia y oración: ¿Cómo Dios obra en el mundo?].[1] Tiessen detalla los once sistemas teológicos más grandes que contestan esta pregunta. Solo una mirada a este volumen deja claro que nuestro punto de vista de la oración es un producto de nuestra gran comprensión teológica de quién es Dios y cómo él realiza su obra en el mundo.

Yo veo la oración como algo instrumental, como parte del proceso que Dios ha ordenado para realizar su propósito en el mundo. Nuestras oraciones están directamente relacionadas con el cumplimiento de la voluntad de Dios en el mundo. Pero la oración no manipula los propósitos finales de Dios. Por el contrario, Dios ha diseñado su plan de manera que nuestras oraciones participen en el cumplimiento de sus propósitos eternamente sabios. Como no conocemos la voluntad soberana de Dios por adelantado, las respuestas a la manera en que oramos están siempre condicionadas por la conformidad a esa voluntad. Esta oración es lo que se da por sentado detrás de la declaración del apóstol Juan «que si pedimos conforme a su voluntad, él nos oye» (1 Juan 5:14). Juan no nos está exhortando a buscar la voluntad de Dios sino a condicionar nuestras oraciones para que se conformen a esta. Esta condición nos lleva otra vez a nuestra responsabilidad de discernir los deseos de Dios desde nuestra cosmovisión transformada. Mientras mejor conocemos a Dios y cómo él maneja su mundo, más probable es que oremos apropiadamente en las situaciones que confrontamos. Pero cualquiera que sea el caso, y como quiera que veamos los resultados, debemos orar.

LA ORACIÓN ES UNA RESPUESTA DE MADUREZ A LAS CIRCUNSTANCIAS DE LA VIDA

La Biblia nunca nos exhorta a orar para conocer la voluntad de Dios por adelantado con el fin de poder orar por su cumplimiento. La oración no es un medio para obtener el conocimiento del futuro y luego conformar la oración a ese futuro. Si así fuera, entonces tú podrías preguntar qué significa la oración en Santiago 1:5-6: «Si a alguno de ustedes le falta sabiduría, pídasela a Dios, y él se la dará, pues Dios da a todos generosamente sin menospreciar a nadie». El llamado de Santiago a la oración está establecido en su enseñanza acerca de nuestra respuesta a las pruebas de la vida. Él nos exhorta a resistir (1:2-4), a orar (1:5-8), a aceptar los arreglos providenciales de la vida (1:9-11) y continuar resistiendo

(1:12). Considero interesante que Santiago no mencione la oración como la primera respuesta a las pruebas inesperadas. La oración no es nuestra primera línea de defensa cuando se presentan las pruebas; nuestra propia madurez espiritual es nuestra primera respuesta (el punto de Santiago 1:2-4). La oración es la segunda línea de defensa porque es un producto de nuestra madurez. De nuevo este es un asunto de la mente transformada. Si nos estamos desarrollando en nuestra perspectiva cristiana, la oración vendrá naturalmente y rápido cuando encontremos las dificultades de la vida, porque la oración es una expresión de nuestra dependencia en Dios.

Santiago nos exhorta a pedirle sabiduría a Dios. No es una petición de conocimiento. La sabiduría en la Biblia es un *producto* del conocimiento. Esta oración pidiendo sabiduría en el medio de un desastre es realmente una oración para que Dios nos ayude a procesar desde nuestra perspectiva por qué al pueblo de Dios le suceden cosas malas. Traer nuestro conocimiento de Dios y sus caminos a nuestro intento de explicar el dolor de la vida, provee la sabiduría que necesitamos para soportarlo. Por ejemplo, si un chofer borracho mata a un niño, ¿cómo respondemos? ¿Cómo lidiamos con un hecho tan horrible? ¿Nos ponemos bravos con Dios por no haber prevenido este hecho? ¿Acaso descartamos piadosamente el hecho diciendo: «Dios tiene un propósito en esto que tenemos que descubrir», y por lo tanto negamos el dolor que sentimos sin comprender por qué? La única forma de responder a dicha tragedia humana es enfrentar nuestra cosmovisión. Necesitamos delinear sabiamente cómo Dios escoge intervenir o no en los hechos de la vida. Por ejemplo, necesitamos incorporar a nuestra perspectiva el hecho que Dios decidió no intervenir por Juan el Bautista, el hombre más grande que ha nacido de mujer.

El llamado de Santiago a orar pidiendo sabiduría es un llamado a procesar los hechos de la vida a la luz de nuestra cosmovisión bíblica. Un creyente informado comprende que los malos sucesos de la vida no significan que Dios no nos ama. Por el contrario, estos nos recuerdan que vivimos en un mundo desordenado, y Dios no siempre escoge intervenir para nuestra seguridad o comodidad. Los creyentes piadosos de hoy encaran la muerte en muchas partes de nuestro mundo. Ellos oran pidiendo la protección de Dios mientras que los violan o asesinan brutalmente. Estas acciones en contra de las personas quebrantan claramente la voluntad moral de Dios. Por lo tanto, cuando oramos pidiendo que Dios cumpla lo que sabemos que es su voluntad, ¿por qué no tenemos lo que pedimos? Porque debido a razones desconocidas para nosotros, Dios ha decidido no intervenir, y nosotros debemos aceptar esa realidad sin perder la fe.

Conclusión

La oración, en sí y por su cuenta, cumple la voluntad de Dios porque se nos manda a orar. No debemos dudar de orar a la luz de nuestras preocupaciones y cargas. No hay límites mientras que nuestras oraciones estén dentro de los límites de la voluntad moral de Dios. Sin embargo, todos hemos experimentado una mezcla de resultados en cuanto a nuestras peticiones. En retrospectiva, estos resultados nos indican cuál es la voluntad soberana de Dios acerca de los asuntos de nuestra preocupación. A veces nos trae gozo y ánimo, a veces esta prueba nuestra fe. Nuestra responsabilidad es continuar obedeciendo a Dios al orar mientras nos sometemos a resultados que reflejen a Dios quien es más sabio que nosotros y cuyos propósitos en el mundo van más allá de nuestra comprensión.

Parte 4

Reflexiones acerca de la aplicación práctica de la voluntad de Dios

Esta sección final te brindará modelos de reflexiones para el proceso de pensar bíblica y personalmente acerca de una variedad de decisiones de la vida.

«P y R» acerca de discernir la voluntad de Dios

■ El pastor Don servía en una pequeña iglesia rural y pocas veces veía a alguien durante el día. La mayoría de sus reuniones eran por la noche. A través de la ventana vio a Judy estacionando su auto. Ella era una de las que formaban el equipo para la escuela bíblica de vacaciones durante el verano. Su mente comenzó a repasar la situación de la vida de Judy. Estaba casada con George y tenían tres hijos excelentes. Judy y los niños eran cristianos y estaban involucrados en la iglesia, pero George no era creyente. Era un buen proveedor, esposo y padre. Incluso, de vez en cuando asistía con la familia a los programas especiales de la iglesia. El pastor Don había conversado con él acerca del evangelio, pero George tranquilamente descartaba cualquier necesidad de las creencias cristianas. De hecho, George era tan pasivo que se hacía difícil estimularlo a pensar en la eternidad. La pasividad de George le permitía a Judy tener tiempo para la iglesia, pero esto también contribuía a su «callada desesperación». Se amaban uno al otro, pero no era la clase de amor que satisficiera las más profundas ansiedades del alma de Judy.

Un par de años antes Judy, conversando con el pastor Don, le comentó que años de oración y de ser una buena esposa no habían dado por resultado la salvación de George. Ella estaba desanimada y enojada porque Dios no contestaba sus oraciones. Se preguntaba si era la voluntad de Dios para ella permanecer casada con un incrédulo.

En esos momentos el pastor Don repasó con Judy la enseñanza bíblica acerca del matrimonio. Ellos vieron que el matrimonio era una creación de Dios que se hizo «hasta que la muerte nos separe». No encontraron información respecto a que un matrimonio de «yugo desigual» invalidaba la unión marital y las expectativas de su permanencia. Incluso más, George era sexualmente fiel a Judy y se esforzaba para ser un buen esposo y padre, excepto por la confesión cristiana. A medida que Judy meditaba en estos asuntos, llegó a la conclusión de que la voluntad moral de Dios requería que ella se comprometiera a seguir con George, e incluso que profundizara su relación personal, que hiciera todo lo posible para tener un hogar feliz y continuara orando por la salvación de su esposo. El pastor Don continuó formando una relación con George y su familia. Él deseaba que algunos de sus «hogares cristianos» fueran tan sólidos como este.

Este capítulo mostrará una cantidad de situaciones acerca de los cuales los cristianos se preguntan: «¿Cuál es la voluntad de Dios para...?» Después de presentar la pregunta, yo «pensaré en voz alta» cómo contestarla. Cada uno de nosotros debe utilizar el discernimiento acerca de la voluntad de Dios en su contexto individual. Cada persona puede sacar conclusiones diferentes en cuanto a las preguntas que la Biblia no contesta directamente. No hay una respuesta para cada uno acerca de cómo debemos lidiar con la soltería, adopción, modelos de crianza, selección de la educación, selección de la iglesia, uso del tiempo y dinero y muchos otros asuntos. Cuando la Biblia presenta un asunto con toda claridad, todos estamos igualmente atados a lo que esta dice. Pero cuando estamos desarrollando respuestas a las preguntas desde una cosmovisión y sistema de valores bíblicos porque no hay un texto claro, entonces vemos que surge una diversidad de opciones entre la comunidad de los creyentes. Dios, por su propio interés, planeó la vida para que funcione de esta manera y que así podamos glorificarlo por el uso de nuestras capacidades creadas. Aunque los creyentes pueden tener diferencias, todos responderemos a Dios de la manera que aplicamos nuestra perspectiva y valores a los asuntos de la vida.

Por favor, recuerda la tesis de este libro: Conocer la voluntad de Dios no es un proceso de recibir inmediata información de Dios acerca de los asuntos de la vida sino un proceso de discernirlos sobre la base de la revelación que Dios ya nos ha dado. La Biblia es el único informe exacto de esta revelación. Dios no eligió darnos el discernimiento mediante respuestas que se revelaran de inmediato a nuestras preguntas. En su lugar, él nos ha dado su Palabra, y debemos lidiar con la vida desde una perspectiva bíblica. Debemos discernir los asuntos de la vida desde la enseñanza bíblica y la perspectiva y conjunto de valores que desarrollamos. Por lo tanto, cuando hacemos la pregunta: «¿Cuál es la voluntad de Dios para _____?» lo que realmente debemos preguntar es: «¿Qué nos enseña la Biblia acerca de _____?» para comenzar a formular una respuesta a la pregunta de la voluntad de Dios en esa situación.

Por favor, recuerda, todas las decisiones deben ir acompañadas de mucha oración. Como ya dije antes, la oración no es una manera de manipular a Dios sino una manera de desnudar nuestras almas ante Dios y someternos a su soberana sabiduría. La oración nos mantiene enfocados en Dios y en nuestros valores bíblicos durante el proceso de tomar una decisión. Como indica la gráfica de tomar decisiones (ver la figura 7 en la página 67), todos los aspectos del discernimiento se deben «llevar a cabo con una actitud de oración pidiendo una sabiduría que discierna y una actitud de sumisión a la providencia soberana de Dios». Si yo no repito este hecho en los siguientes comentarios, no creas que esto carece de importancia. Por favor, entiende que es fundamental para el proceso, y asegúrate de practicar la oración en tu análisis de las decisiones. Al mismo tiempo, te recuerdo que la oración no es un sustituto para pensar cuidadosamente en las decisiones. Dios ordenó que la oración y la razón trabajen juntas.

Yo he provisto un muestrario de preguntas ante las situaciones de la vida bajo varias categorías principales que representan algunos de los aspectos más influyentes de nuestra vida. Hice esta lista basándome en conversaciones con una variedad de cristianos y grupos de iglesias. Estas incluyen:

La voluntad de Dios para una relación humana

¿Con quién debo casarme?

¿Debo tener hijos? ¿Adoptarlos?

¿Debo quedarme soltero?

¿Qué si estoy casado con un incrédulo?

¿Qué del divorcio?

¿Si «vuelvo a ser soltero/a»?

¿Qué de los modelos sobre la crianza de los hijos?

¿Qué de estos folletos «Solo haz negocios con cristianos»?

¿Qué de las comunidades cristianas enclaustradas?

¿Qué de tener amistades que no son cristianas?

¿Qué de involucrarme en causas morales y políticas?

¿Qué del cuidado de padres ancianos?

La voluntad de Dios para decidir una carrera profesional

¿Cómo debo educar a mis hijos ... enseñanza escolar en casa, privada o pública?

¿Cómo escojo un lugar para la educación superior?

¿Qué carrera debo estudiar?

¿Qué de hacer cambios de carrera?

La voluntad de Dios para las relaciones en la iglesia

¿A qué iglesia debo ir?

¿Debo cambiar de iglesia?

¿Qué papel debo jugar en mi iglesia?

¿Qué nivel de participación debo aceptar?

La voluntad de Dios para la mayordomía de la vida

¿Cómo puedo/debo usar mi tiempo?

¿Qué acerca del uso de mi tiempo «libre»?

¿Qué de mi dinero?

¿Debo planear para el futuro? ¿Inversiones? ¿Retiro?

La voluntad de Dios para los asuntos especiales

¿Qué de la inseminación artificial?

¿Qué acerca de quitar «el soporte vital artificial»?

¿Debe un cristiano involucrarse en el servicio militar de combate?

¿Qué de las demandas?

¿Qué es un «llamado al ministerio»?

¿Cómo la iglesia debe ver «el llamado de un pastor»?

En alguna u otra ocasión la mayoría de los cristianos han luchado por saber la voluntad de Dios para estas clases de preguntas. Si entendiste el modelo para conocer la voluntad de Dios que presenta este libro, ahora sabes que el proceso para contestar estas preguntas es: primero dominar la enseñanza bíblica y la cosmovisión que se aplica a cada una, luego lidiar con cómo cada asunto se relaciona con los valores que tú has desarrollado. No podemos tratar todas estas preguntas en este libro. Mi propósito es sugerir cómo pensar en estos asuntos. Yo plantearé las preguntas representativas de cada categoría para ilustrar el modelo que este libro presentó.

Nadie puede contestar estas preguntas por ti, ni tampoco deben hacerlo. Tú debes aprender a hacerlo.

LA VOLUNTAD DE DIOS PARA UNA RELACIÓN HUMANA

Elección de un compañero para el matrimonio

«¿Con quién debo casarme?» es una de las decisiones más importantes de la vida. ¿Se debe llegar a esta pregunta suponiendo que «debes encontrar la persona con la cual Dios ordenó que te casaras» para estar seguro de que no estás cometiendo un error? Ninguna declaración o implicación en la Biblia apoya esta suposición común. Debido a esta clase de pensamiento, en ocasiones yo he hablado a cristianos cuyos matrimonios están naufragando y he escuchado comentarios como «nos casamos fuera de la voluntad de Dios». Esto solo es una manera de escabullirse piadosamente para evitar la responsabilidad moral que viene con la decisión de casarse. Entonces, ¿qué enseña la Biblia acerca de la voluntad de Dios para decidir el matrimonio?

Génesis y Jesús (Mateo 19:4-6) nos enseñan que la intención original de Dios era que un hombre y una mujer se unieran hasta la muerte. Esta expectativa dejó atónito a los discípulos de Jesús (Mateo 19:10) y destacó la solemnidad de la elección que uno hace para casarse. La institución del matrimonio y cómo este opera en la cultura surge a través de la Biblia tanto de forma literal como figurativa. Sin embargo, mientras que el matrimonio es la expectativa normal, ningún pasaje bíblico pide un descubrimiento místico de tu «único». Algunos textos del Antiguo Testamento mandan la continuidad étnica para el matrimonio (Deuteronomio 7:3; Josué 23:12-13), pero estos textos solo son descriptivos de la voluntad de Dios para Israel dentro de cierto tiempo límite. Segunda a los Corintios 6:14-18 nos manda «no formen yunta con los incrédulos». El contexto no es acerca del matrimonio, pero el principio sí se puede aplicar al matrimonio en el sentido de que un creyente y un incrédulo no tienen la clase de terreno común necesario para comprometerse en una relación para toda la vida. En el caso de George y Judy, el matrimonio ya estaba vigente y era obligatorio. Otros textos señalan qué constituye un buen hombre o una buena mujer, y la implicación es que debemos usar dichas instrucciones como un modelo para nuestra evaluación de un futuro compañero. Proverbios 31 y Efesios 5 consideran la buena esposa y el buen esposo. Pero estos son textos que se refieren a los que ya están casados, y con frecuencia los usamos al considerar un cónyuge futuro. De hecho, el enfoque de la Biblia es para evaluar y regular los matrimonios existentes, no para hacer la elección antes del matrimonio.

Ya que no tenemos un pasaje con instrucciones en la Biblia sobre cómo tomar esta importante decisión, ¿cómo debemos proceder? Debemos proceder sobre las bases de lo que mejor mantiene nuestra cosmovisión y nuestros valores. Primero buscamos una persona con quien tenemos compatibilidad de creencias y valores.

Habrá más que una elección en cuanto a este aspecto. Ya que Dios no nos ordenó que usemos algún proceso místico para buscar al «único», nosotros somos los responsables de tomar una decisión entre iguales relativos. Podemos reducir las opciones evaluando los intereses personales y metas en la vida, pero todavía tendremos más que una opción. También podemos evaluar nuestros sentimientos personales, es decir, cuál compañía disfrutamos más. Durante el proceso de cortejar, el «amor» mayormente es como una infatuación ingenua. ¿Podemos identificar por qué estamos infatuados con una persona? ¿Se debe a una atracción física, mental, social o de algún otro aspecto de las cualidades de la persona? ¿Cuál de estos aspectos refleja nuestros valores centrales? ¿Podemos pensar en el futuro y preguntar cuál de las cualidades de esta persona nos gustará más cuando pasen nuestras fantasías de la juventud?

A pesar de lo importante que es, Dios puso la elección de

con quién me casaré de nuestra parte. A pesar de que él conoce todas las ramificaciones de los resultados de nuestra elección, y lo que pudiera ser con otra elección, él no nos ha ordenado una manera de esquivar la responsabilidad de hacer una elección. Estamos forzados a tomar una decisión basándonos en la enseñanza bíblica que tenemos según evaluamos nuestros propios valores acerca de la vida. Después que hagamos nuestra elección y entremos en el convenio del matrimonio, la Biblia comienza a enseñarnos la voluntad de Dios acerca del matrimonio. Su voluntad se explica en términos de las responsabilidades morales y sociales que vienen con el matrimonio y criar a una familia. Debemos buscar maneras para continuar nuestro compromiso a través de los cambios que nos trae la vida. Después de unos años de matrimonio, comenzarán a surgir las incompatibilidades. Cuando esto sucede, no estamos libres para buscar otro matrimonio si este se desarrollara de maneras inesperadas. Por el contrario, somos responsables de cultivar el jardín en el que nos encontramos. Ya que el matrimonio es la relación más íntima de todas, conllevará las experiencias más intensas de gozo y dolor. Es la voluntad de Dios que aprendamos a lidiar con ambas.

El divorcio y «volver a ser soltero»

No vivimos en un mundo perfecto. El aumento de la tasa de divorcios entre los cristianos es alarmante. Sin embargo, cuando leemos el Antiguo Testamento, vemos que Moisés se enfrentó a este asunto hace tres mil años.

¿Es algunas veces el divorcio la voluntad de Dios? La respuesta a esta pregunta depende de la comprensión de uno de los pasajes bíblicos que tratan el divorcio. Se ha gastado mucha tinta dando interpretación a esta pregunta, y no se ha logrado tener una respuesta que satisfaga a todos los cristianos.[1] La Palabra de Dios trata este asunto importante de una manera que deja a los creyentes con preguntas y tensiones acerca de la respuesta correcta. ¿Por qué Dios nos hace esto? Debemos suponer que él pudo proveer información de una manera que evitaría por completo la discusión acerca de «cuál punto de vista es correcto». El hecho de que él no lo hiciera indica que una vez más usa la tensión para lograr su propósito en maneras que tal vez no sean tan claras para nosotros como quisiéramos. Para delinear los puntos de vistas que responden la pregunta del divorcio se requeriría otro libro. Por lo tanto, por el bien de pensar en cómo lidiar con la pregunta, por favor, imagina conmigo la siguiente respuesta: «Todo divorcio es contrario a la voluntad revelada de Dios». Si esto es cierto, entonces ¿cómo los creyentes que han sufrido esta tragedia encaran el resto de la vida en la tierra? La respuesta es simple. Ellos hacen lo que hacen todos los demás creyentes dañados por causa del peca-do. Aplican la teología bíblica del arrepentimiento, el perdón y la restauración al contexto de sus vidas. El Salmo 51 refleja el peregrinaje de un creyente en este aspecto. Este salmo ex-presa cómo David trata con su pecado de adulterio, mentira y asesinato (Salmo 51:1-12). David ciertamente experimentó las consecuencias humanas de su pecado y, sin embargo, encontró su regreso al compañerismo con Dios (vv. 10-12). Él también siguió adelante para usar la experiencia de su vida, tan mala como era, con el fin de ayudar a otros a evitar el dolor que él experimentó (vv. 13-19).

Entonces, ¿cómo la gente que vuelve a quedarse soltera discierne la voluntad de Dios acerca de la comunicación con su ex cónyuge, cómo tratar con una propiedad, cómo dividir la atención de los niños, etc.? Lo hacen de acuerdo a las mis-mas bases que tienen para tomar todas las demás decisiones. Ellos deben determinar cómo las enseñanzas y los valores bíblicos ahora se aplican a los varios asuntos que surgen en esta relación quebrantada. Aunque hay un cierto lugar para la ira cuando la relación humana más preciada se destruye, esta característica no puede controlar una forma de lidiar con el futuro, o sino la venganza consumirá la vida.

La pregunta «¿Qué acerca de los hijos?» surge de nuevas maneras. Mi esposa recientemente hospedó a un grupo de niñas de primer a tercer grado durante una fiesta que duraría toda la noche. Me levanté por la mañana, luego de dormir muy bien (!) y cociné un desayuno especial para las niñas. Ingenuamente le pregunté a una de las niñas si tenía hermanos y hermanas. Ella casualmente comenzó a describir su familia biológica, su actual padrastro y la nueva familia reconstituida que venía. Me impactó escucharla y me preguntaba cómo una mente tan joven podía lidiar con esta diversidad. ¿Cómo Dios guiará sus relaciones con estas situaciones extendidas? ¿Cómo nosotros los adultos podemos apoyar a los niños a aplicar la voluntad de Dios en un mundo quebrantado? Quizás debamos leer el Evangelio más profundamente y observar cómo Jesús lidia con personas quebrantadas y golpeadas.

Cuidado para los padres ancianos

Si andas por los cincuenta años de edad, es posible que estés comenzando a encarar los desafíos de cuidar a padres ancianos. Dichas decisiones a menudo se agravan por la distancia y quizás por causa de un padre testarudo que no quiere abandonar la seguridad que le brinda el ambiente familiar. Mi madre insistía renuentemente en que estaba bien y no necesitaba ayuda, aunque ya no podía pagar las cuentas, conducir, comprar ni cocinar. Ella estaba en buenas condiciones físicas, pero la demencia estaba apareciendo.

La Biblia nos dice «Honra a tu padre y a tu madre» (Éxodo 20:12). Esto ilustra que parte de este mandamiento incluye cuidar de ellos cuando ya no pueden cuidarse por sí mismos. Pero la cultura bíblica y su estructura social son muy diferentes hoy. ¿El cuidado apropiado de los padres significa ayudarlos para permanecer en forma independiente, que sigan viviendo en su hogar, o situarlos en un lugar donde los cuiden? Tú les prometiste que nunca los llevarías a un hogar de ancianos, pero nunca encaraste las complicaciones del cuidado que ahora enfrentas. Tú y tu cónyuge trabajan durante todo el día. ¿Debe uno de los dos dejar el trabajo?

Pero entonces, ¿cómo vas a pagar las cuentas? Tal vez tienes hijos o una casa en la que no puedes acomodar a todos. Quizás tu padre es una persona difícil, negativa que invadirá el ambiente de tu familia. Quizás tú y tu esposo no estarán de acuerdo acerca de lo que significa cuidar de los padres. Tal vez tus padres no estén financieramente estables y tú debes lidiar con las complicaciones del sistema para los cuidados de salud y la estabilidad de la unidad de tu propia familia.

Es la voluntad de Dios que honremos a nuestros padres. Cómo lo hagamos variará dependiendo de las respuestas a esta pregunta anterior y muchas otras. Cada pregunta trae diferentes valores en el panorama. Nuestras decisiones tendrán que pesar la naturaleza de estos valores. Una vez yo vi cómo una familia vecina casi se destruye porque un hijo estaba ciego ante la manipulación de la madre en contra de su esposa e hijos. No hay decisiones fáciles, pero son muy reales. Además, Dios no nos ha provisto un sistema para esquivar nuestras responsabilidades de tomar decisiones, él nos llamó a comprometernos con la tarea de tomar decisiones.

LA VOLUNTAD DE DIOS PARA DECIDIR UNA CARRERA PROFESIONAL

Es la voluntad de Dios que trabajemos para vivir. Adán trabajó en el Edén para proveer para él y para Eva antes de su pecado y expulsión. Desde que nacemos comenzamos a prepararnos para una carrera y trabajo, especialmente al iniciar el proceso educativo. Por lo tanto, tomar decisiones acerca de la voluntad de Dios para nuestra carrera requiere mucho tiempo e incluye tanto nuestros deseos como el camino que nuestros padres nos han preparado.

Educación de los hijos

¿Cuál opción es la voluntad de Dios para educar a mis hijos?

La Biblia refleja el sistema educativo que era normal en el tiempo de su composición. Es probable que el uso de la Biblia para promover una cierta clase de sistema educativo en términos modernos viole el contexto original. Los escritores de la Biblia encargaban a los padres y líderes de enseñar a sus hijos y seguidores las verdades religiosas (Deuteronomio 11:18-21; Mateo 28:18-20; 1 Timoteo 1:18; 2 Timoteo 2:2), pero ellos no presentaron una perspectiva de educación pública o privada que fuera análoga a nuestra situación moderna. No se pueden reclamar los contextos que promueven la instrucción religiosa en la familia y sus respectivas comunidades de adoración como un modelo para todo un sistema educativo con todas las asignaturas de estudio. Esta no fue la intención original de la Biblia.

Nuestra actual cultura cristiana utiliza tres avenidas para educar a sus hijos: la enseñanza en el hogar, las instituciones privadas (incluyendo las escuelas religiosas) y el sistema de educación pública (incluyendo las escuelas públicas independientes [charter]). Para decidir cuál de estas es la voluntad de Dios para ti y tus hijos se requiere que tú de nuevo apliques tus perspectivas y sistemas de valores a las opciones. Como la educación está tan cargada de valores, este tema abarcará muchas opiniones conflictivas. Los temas variarán desde la calidad de la educación hasta la necesidad de experiencia social en el niño. Por ejemplo, en algunas regiones geográficas de los EE.UU., el sistema de escuelas públicas es liberal y anticristiano. Sin embargo, es posible que en otras partes del país esté lleno de maestros cristianos y por lo tanto sea de confianza para la comunidad de la iglesia.

La enseñanza en el hogar puede parecer una manera de proteger a tus hijos de las influencias liberales y socialmente pecaminosas, pero si tú, como maestro/a, no tienes suficiente preparación académica para enseñar todas las materias de las que eres responsable, ¿les robarás a tus hijos la habilidad de su futuro para competir en el mercado de trabajos? ¿Hay algún valor en poner los niños en un ambiente poco amistoso a la verdad cristiana (ejemplo, educación pública) de manera que ellos puedan aprender a lidiar con el verdadero mundo mientras todavía tú estés presente para guiarlos? ¿Cómo pesamos los mandamientos para influir en nuestro mundo con el evangelio?

A veces las escuelas cristianas parecen más seguras, pero tienen algunos jóvenes de hogares cristianos que están hartos de restricciones y son más agresivos para romper las reglas que algunos contemporáneos seculares. Si tú tienes la posibilidad de una de estas tres opciones, cada una tendrá sus puntos fuertes y los débiles para tu situación, y tu decisión final debe pesar cuál es el mejor de todos. Es posible que también encuentres que tus opciones cambian con el área geográfica y los años escolares. Por lo tanto, debes mantenerte vigilante en tu proceso de tomar decisiones.

Seleccionar un lugar para una educación superior

Después del matrimonio, nuestra decisión acerca de la preparación académica para toda una vida de trabajo puede ser la decisión más importante que debemos tomar. Con frecuencia he escuchado a los jóvenes graduados de la secundaria hablar acerca de buscar la guía de Dios para seleccionar la educación universitaria entre varias posibilidades. Entonces, ¿cómo una persona joven debe decidir en cuanto a qué escuela o campo de estudio asistir? Nuestra gráfica sobre tomar decisiones señaló varios asuntos importantes para este proceso (ver la figura 7 en la página 67). Es crucial una autoconciencia crítica. Los estudiantes deben seguir sus sueños, pero si repetidamente salen desaprobados en química, esta es una buena señal de que ser médicos no es la voluntad de Dios para ellos. Muchos jóvenes cambian de especialidad a medida que obtienen una mayor comprensión de quiénes son. El consejo de personas y amigos informados es importante, pero escuchar a veces no es una habilidad de la juventud. La madurez de una persona tendrá mucha influencia en esta categoría. El asunto que muy a menudo se aplica a la decisión es el deseo personal. Lo que motiva y capta la atención de un joven cambia con rapidez. Pero con tiempo y experiencia, un tema comienza a surgir. Debemos permitir que nuestros jóvenes pasen por este proceso de montaña rusa. Además, debemos apoyarlos cuando comience a surgir el tema para ayudarlos a ver cómo van surgiendo los intereses de su vida. En este contexto es como mejor se halla la voluntad de Dios para el trabajo de sus vidas. La oración y vivir piadosamente es la cobertura que mantiene a la gente enfocada a través de este proceso, pero en el proceso de descubrir, los jóvenes disciernen la respuesta a las preguntas acerca de la obra de sus vidas.

A pesar de cuán cuidadosos hayamos sido al tomar nuestras primeras decisiones, a veces nuestra reflexión retrospectiva trae una cantidad de dolor. Yo soy educador de profesión. Estoy muy consciente de los puntos fuertes y débiles de una educación superior. Cuando reflexiono en mi propio peregrinaje, me doy cuenta que de haber aprovechado mi visión retrospectiva, pude haber tomado algunas decisiones de manera diferente. Reconozco que a veces no escuché bien a algunas personas que me dieron buenos consejos. Ahora yo les doy consejo a los jóvenes que tampoco escuchan. Sin embargo, no podemos rehacer el pasado. Mi propia cosmovisión me recuerda que aunque mis decisiones estaban condicionadas a las limitaciones de donde yo estaba en el peregrinaje de mi vida en cierto momento, esas decisiones estaban en la voluntad moral de Dios y su divina providencia. Yo soy la persona que soy por causa de ese peregrinaje. Dios ha y está cumpliendo su propósito en mi vida en esa jornada. Como se dice comúnmente: «el buen juicio viene de la experiencia y mucho de la experiencia viene del mal juicio». Si honestamente fuéramos capaces de evaluar nuestro peregrinaje, descubriremos que nuestro mal juicio a menudo fue el que más nos enseñó. El plan de Dios incluye este aspecto de aprendizaje.

La voluntad de Dios para las relaciones en la iglesia

Escoger una iglesia

Escoger una iglesia es una decisión importante. El Nuevo Testamento presenta a los creyentes reunidos en grupos locales de adoración, para cumplir las ordenanzas y para gozar del compañerismo. De este patrón derivamos la verdad de que nosotros también debemos unirnos a un grupo específico de creyentes. Esta es la voluntad de Dios; sin embargo, la gran variedad de posibles iglesias complica nuestra elección. Los asuntos de teología y el gobierno necesitan una cuidadosa consideración, aunque yo he observado que estos aspectos no están en las mentes de los cristianos tanto como antes. Es crucial para tu desarrollo espiritual saber cómo el púlpito y el sistema de Escuela Dominical te servían de mentores en la enseñanza bíblica. Es posible que te cause mucha frustración la manera en que la iglesia se gobierna o no. Pesará mucho en tu evaluación tu condición en la vida, si eres soltero, casado o casado con hijos, y cómo cada iglesia satisface estas necesidades. Las habilidades con las que Dios te ha bendecido para tu trabajo en la iglesia deben considerarse mientras tú evalúas las necesidades de las iglesias que investigues. También debes comparar tus valores personales, tales como la calidad y la honradez en las relaciones, con las iglesias que estés considerando.

He conocido a muchos creyentes que nunca deciden a cuál iglesia unirse. Algunos están buscando la iglesia «perfecta» en todas las categorías. No creo que esas personas reconozcan que si se unieran a la iglesia «perfecta», esta dejaría de ser perfecta. Un orador que una vez escuché hizo una sabia declaración acerca de elegir una iglesia. «No busques una iglesia que no tenga problemas; busca una que tenga problemas con los cuales tú puedas lidiar». Toma una decisión y trabaja en esta.

Hacer un cambio de iglesia

Vivimos en una cultura que se guía por la palabra *cambio*. Los adultos a menudo cambian libremente de trabajo y hacen más cambios importantes de carrera que nunca antes. Somos una sociedad móvil, y esto engendra cambios. De hecho, los cambios han llegado a ser un valor en algunas comunidades de negocios. La rotación regular de administradores está supuesta a motivar creatividad y productividad. Los vientos de cambio han afectado tanto a los líderes como a los miembros de la iglesia. El grupo de investigación Barna, se ha especializado en seguir la pista de las tendencias de las iglesias y ministerios desde 1984. La información de Barna, desde 1990, refleja que los «cambios» afectan a los laicos y a los ministerios profesionales.[2] La información de Barna en junio de 2002 informa que el tiempo promedio del ministerio de un pastor principal en una iglesia dada es más o menos de cuatro años. Si los ministros cambian tan rápido, ¿qué influencia tiene esto sobre las actitudes de los miembros de la congregación?

Así que cuando sentimos la urgencia de hacer un cambio de la iglesia a la que asistimos, ¿cómo discernimos la voluntad de Dios? Con frecuencia escucho a creyentes usar el sentimiento de «necesito un cambio» como una guía divina. Por el contrario, en primer lugar debemos estar conscientes del hecho de que vivimos en un mundo que usa los cambios para lograr la felicidad personal. No sentimos las influencias sutiles de nuestra cultura más de lo que un pez se siente mojado. Nuestra única defensa en contra de ser como nuestro mundo, es conocer sus características. Ningún texto bíblico directo se refiere a la pregunta de cambios de iglesias. Aunque 1 Corintios y la tercera epístola de Juan reflejan cómo los grupos rivales existían en una etapa temprana, y es probable que cada uno de ellos tuviera su propia «congregación», la Biblia no arroja una luz positiva sobre estos grupos. El escenario ha cambiado a través de los siglos. Ahora tenemos muchas elecciones de iglesias que son muy diferentes en teología y práctica, aunque están en el campo de la creencia ortodoxa. Es inútil discutir si la variedad de denominaciones es válida. El hecho es que existen y que nosotros debemos tomar una decisión. Así que regresamos al tema de aplicar nuestra comprensión bíblica y los valores que derivamos de esa comprensión para la decisión que enfrentamos.

Un valor a tomar en cuenta cuando consideramos hacer un cambio de iglesia es la «lealtad». La idea de la lealtad ha disminuido en nuestra cultura. La movilidad de nuestra cultura y un énfasis exagerado en la felicidad individual a menudo nos lleva a obviar el ser fieles a pesar de las dificultades. Por otra parte, la lealtad también se puede usar para manipular a los seguidores. Yo personalmente valoro la lealtad hasta que hay razones convincentes para hacer un cambio. Estas razones ocurren, y cada uno de nosotros debe decidir cuando así suceda y tomar responsabilidad ante Dios por nuestras acciones. La mayoría de las «razones convincentes» caerán en los aspectos de los valores y las convicciones personales. Mi experiencia es que la teología por lo general no es el motivo por el cual la gente hace un cambio, aunque esta pudiera ser una razón legítima. Los conflictos personales, el gobierno de la iglesia, programas de música, predicación pobre, y un ministerio pobre de jóvenes son razones comunes. Quizás tú hiciste un cambio para evitar conflictos en uno de estos u otros aspectos. Tal vez un cambio podría ser apropiado mientras se efectúen conversaciones francas y amistosas acerca de los asuntos ocurridos. Sin embargo, hacer cambios para evitar dichas conversaciones no expresa los valores bíblicos.

LA VOLUNTAD DE DIOS PARA LA MAYORDOMÍA DE LA VIDA

Los creyentes en el Dios de la Biblia en todas las edades viven a la luz de la verdad de que creer en Dios representa un estilo

de vida. Reunirse con otros creyentes en un tiempo establecido durante la semana no cumple por completo nuestra
mayordomía para Dios. Agrega a esas reuniones el realizar
todas las disciplinas espirituales y todavía te quedarás corto.
Somos creyentes 24/7 [24 horas al día, 7 días a la semana].
Ser un cristiano es una filosofía de la vida, no solo una de
nuestras actividades. De hecho, algunos realizan todas las
actividades pero por dentro están vacíos. Los creyentes en la
Biblia deben discernir cómo todo su tiempo y recursos son
una mayordomía a Dios.

La mayordomía del tiempo

Gustavo tenía una vocación estable como obrero de automó-
viles, pero tocar la guitarra acústica y cantar era su pasa-
tiempo. Después de convertirse en cristiano, luchó con si era
la voluntad de Dios para él continuar empleando tiempo en
la música que tanto le gustaba. Su música estaba dentro de
los límites de la voluntad moral de Dios pero, ¿debía emplear
tiempo haciendo esto con todas las necesidades que había en
su iglesia local? Como le gustaba tanto tocar y cantar, a veces
luchaba con un sentido de culpa por el tiempo que invertía
en esta actividad.

   ¿Cómo tú aconsejarías a Gustavo? ¿Le dirías que «su tiempo libre» no es una opción para el cristiano? ¿Le sugerirías:
«Vivimos para sobrevivir y ser ciudadanos responsables, pero
después de esto estamos limitados para solo hacer las actividades de la iglesia»? O le dirías: «Oye, ¡haz lo que te parezca!»
Creo que ninguno de estos consejos es apropiado. Vivir la vida
cristiana no significa situar nuestras actividades en compar-
timentos. Declaraciones como «cualquier otra cosa, háganlo
todo para la gloria de Dios» (1 Corintios 10:31), y «Dios, que
nos provee de todo en abundancia para que los disfrutemos»
(1 Timoteo 6:17), no enseñan que cada parte de nuestras vidas
es un don de Dios y libremente debemos ejercitar cualquier
aspecto mientras lo hagamos dentro de los límites divinos.

El rey David se dedicó mucho a la práctica de la música antes de que lo reconocieran como el dulce cantante de Israel. El apóstol Pablo pasó suficiente tiempo mirando las actividades atléticas como para llegar a dominar el tema y usarlo como una ilustración acerca de la vida cristiana. No es la voluntad de Dios que dividamos nuestras vidas en categorías seculares y sagradas. Por el contrario, estamos llamados a integrar toda la vida con nuestra mayordomía para Dios.

En el mundo hay muchos Gustavos. Para algunos es la música, para otros, los deportes y la lista sigue y sigue. No encontramos el permiso o la justificación de Dios para nuestras actividades al buscar una confirmación o negación subjetiva. Por el contrario, ejercitamos todos nuestros dones y deseos de una manera que esté balanceada y que glorifique a Dios.

La mayordomía del dinero

Estoy escribiendo este libro en medio de las revelaciones de cuán profundamente los líderes de compañías americanas mienten y «cocinan los libros» para hacer que las finanzas de su compañía se vean mejor de lo que son. Aunque no conozco a nadie que esté relacionado con Enron, Adelphia o World. com, estoy seguro de que hay algunos cristianos empleados en esas compañías. Los accionistas y los empleados de estas compañías perdieron millones de dólares en inversiones durante el año 2002. Cientos, quizás miles, de vidas quedaron devastadas. ¿Cómo deben los creyentes, que estaban heridos por estas compañías, considerar las decisiones que tomaron al invertir su dinero allí? ¿Debían culpar a Dios por no haberlos advertido? ¿O debía Dios evitar divulgar dicha información ya que esto quebrantaría la ley que prohíbe las inversiones basadas en una información secreta? Creo que la mayoría de los cristianos harían una gran introspección y se preguntarían si fallaron espiritualmente al discernir la voluntad de Dios. Considero que todas estas preguntas son inadecuadas. Las personas que resultaron heridas por el pecado de sus líderes hicieron lo que haría toda persona responsable. Ellos planearon para el futuro. Actuaron como futuros retirados responsables y mayordomos de los recursos que Dios les confió. Me imagino que los creyentes en el grupo reflexionaron y oraron acerca de cómo ser buenos mayordomos. Ellos siguieron lo que pareció en el momento ser la línea de acción apropiada. Pero los traicionó la avaricia y la pecaminosa autoprotección de sus líderes. Ahora sufren, no por causa de sus acciones, sino por causa de los pecados de otros. Esta es la clase de mundo en el que vivimos, y Dios no acostumbra a intervenir para librarnos de este. Tenemos que aplicar la voluntad moral de Dios incluso después de la tragedia. Lee cómo los salmistas y los escritores de los Proverbios lucharon con el dolor de vivir en un mundo pecaminoso. Ellos oraron pidiendo que Dios trajera justicia sobre los injustos y que les diera a las víctimas la gracia para soportarlo todo. Sus oraciones con frecuencia se presentaban en el medio del sufrimiento por hacer la voluntad de Dios.

LA VOLUNTAD DE DIOS PARA LOS ASUNTOS ESPECIALES

Yo coloqué en categorías una cantidad de preguntas para la conveniencia organizacional. Como creyentes, encaramos muchos asuntos adicionales en nuestro mundo caído. Preguntas relacionadas al gobierno civil, asuntos de la vida y la muerte en un sistema médico avanzado, la naturaleza única del sistema legal occidental en contraste con el mundo bíblico y muchos otros asuntos que encaramos diariamente. A medida que nuestra cultura progresa, nuestras decisiones se hacen más complejas. La diferencia en los asuntos de ahora con relación al mundo bíblico de hace dos mil años, destaca la necesidad de estudiar las Escrituras para desarrollar una cosmovisión bíblica y una mentalidad de valores. Un método simple de textos de prueba no nos provee las respuestas que buscamos. Dios nunca tuvo la intención de que la Biblia fuera un manual de texto de pruebas completo para todas las ocasiones imaginables que pudieran surgir. Ni siquiera lo hizo para la comunidad redimida durante su composición. Por el contrario, la Biblia es una historia de los tratos de Dios con la comunidad redimida en su tiempo y espacio. Él nos ha obligado a entrar en el laboratorio de su Palabra para derivar cómo debemos pensar acerca de nuestro mundo actual y sus temas cambiantes. La Biblia es completamente suficiente para todo lo que necesitamos saber si seguimos su guía. La iglesia como una comunidad debe evaluar diligentemente los asuntos de la vida y aplicar una cosmovisión bíblica y el conjunto de valores a las preguntas que encara. Aunque tomamos decisiones como individuos, ciertos asuntos de mucha influencia deben ser más que una tarea del creyente individual, o volveremos a caer en la mente privatizada de la cultura occidental. La iglesia como una comunidad debe surgir como una voz para dirigir muchos de los temas únicos que cité antes.

A medida que este capítulo va llegando a su final, me gustaría reflexionar en los temas de la iglesia y su discernimiento del liderazgo pastoral.

El llamado al ministerio

¿Qué es un «llamado al ministerio» y cómo una iglesia escoge a un pastor? ¿Cómo un creyente responde a la pregunta «es la voluntad de Dios que yo siga el ministerio profesional cristiano»? ¿Cómo nosotros en una iglesia lidiamos con las personas que se presentan y dicen: «yo tengo el llamado para ser pastor, por favor, ordéneme para el ministerio»?

El Nuevo Testamento es muy claro acerca de lo que constituye un «llamado al ministerio». Primera a Timoteo 3 enfoca este tema. Dos elementos están presentes: primero, el ardiente deseo del solicitante para desempeñar el ministerio profesional, y segundo, el juicio de la iglesia de que él tiene las cualidades requeridas. El contexto también es claro: es la iglesia lo que decide si una persona está llamada, no solo el deseo de uno que cree estar llamado. La experiencia del llamado no es una visión ni una experiencia mística. Es en primer lugar el impulso interno repetido y consciente que no permite que uno haga otra cosa. Luego es el desarrollo de esa persona en una comunidad de creyentes que demuestra la correlación de ese llamado que dice sentir la persona y su don. Así que en este caso, la voluntad de Dios la determina el consenso de la comunidad.

El movimiento de la iglesia sin denominación e independiente en Norteamérica ha encarado en particular el desafío de personas que dicen ser llamados al ministerio y que a veces aplican ese llamado a pesar del consejo de su iglesia madre. Este mismo movimiento también encara desafíos únicos al nombrar un nuevo pastor cuando pasan por un cambio de pastores. Aunque las denominaciones tienen un proceso establecido para la credencial de los candidatos para el ministerio y un sistema que ayuda a la iglesia en su búsqueda pastoral, muchos grupos independientes luchan con los cambios de pastores.

Escoger un cónyuge para casarse es una buena analogía para ilustrar el proceso de llamar a un pastor. Al igual que el Nuevo Testamento delinea las cualidades de los esposos y las esposas, también las cualidades y dones de un pastor están delineadas en las Epístolas. Una iglesia debe revisar estos textos para entender qué buscar en su líder. Al igual que la compatibilidad personal de un hombre y una mujer es crucial para un matrimonio, también lo es para un pastor y su congregación. Los opuestos pueden estar infatuados el uno con el otro durante un tiempo, pero al final las diferencias se agravarán. La compatibilidad de las metas y cómo lograrlas es importante para una buena combinación tanto en el matrimonio como en el llamado del pastor. En otras palabras, una iglesia necesita pensar profunda y claramente acerca de su identidad y lo que quiere ser para buscar una persona que esté siguiendo la misma dirección. La iglesia combina sus valores con los valores del candidato. Si no se logra una buena combinación, el resultado será un trauma y se impedirá el avance en la labor de la iglesia. No se debe escoger a un pastor solo después de una breve experiencia en el púlpito y una sesión superficial de preguntas y respuestas. Ninguna cantidad de oración o «sentimientos» desviará el desastre de una elección mal hecha.

CONCLUSIÓN

Al considerar estas preguntas de la vida, yo intento pensar en alta voz en una manera sugestiva del proceso por el cual debes pasar cuando confrontas estos asuntos de la vida. Te desafío a tomar estas preguntas y comenzar a desarrollar *tus* respuestas. Con todo propósito yo solo hago sugerencias porque, al final de la jornada, uno no puede tratar con la vida buscando que otra persona te dé una rápida solución. Si la respuesta a la pregunta en cuanto a la voluntad de Dios no es tuya, cuando tu respuesta se cuestione, tú no serás capaz de defenderla. Tu confianza acerca de cómo lidiar con los asuntos de la vida será inestable.

Dios espera que cada uno de sus hijos acepte la responsabilidad de desarrollar y aplicar una cosmovisión y conjunto de valores bíblicos. Esta no es una tarea fácil. No hay atajos. Pero cuando tú te involucras en esta clase de crecimiento, y experimentas la confianza de las convicciones establecidas acerca de tus decisiones, el premio es mucho mayor que la labor.

Conclusión

Uno de los comentarios más comunes que yo recibo cuando enseño acerca de conocer la voluntad de Dios es este: «¡Por fin me siento libre para tomar decisiones!» Muchos han considerado que conocer la voluntad de Dios es como una clase de proceso místico para procurar la guía divina antes de tomar una decisión. Este método deja a la gente en el limbo. Ellos están buscando alguna impresión interior indefinida antes de tomar una decisión. Se supone que esta impresión le dé confianza para ir en cierta dirección. Cuando la gente llega a comprender que conocer la voluntad de Dios es un asunto de obedecer la voluntad moral de Dios y aplicar la cosmovisión y el conjunto de valores bíblicos a todas las decisiones, se sienten libres para tomar una decisión, tienen un marco objetivo por el cual procesar sus preguntas. Están libres del temor de cometer un error o «perder la voluntad de Dios», porque mientras operen dentro de los parámetros de la voluntad moral de Dios, saben que Dios está presente y haciendo una obra en sus vidas. Incluso más, a través de la historia, «a menudo Dios forma nuestro carácter y su obra basado en nuestros errores».

Este es otro comentario: «Yo no entendía lo crucial que

es conocer la Biblia. Mi Biblia se ha convertido en un libro mucho mayor y de más influencia». Cuando los cristianos no pueden localizar un texto de prueba para contestar una pregunta, con frecuencia consideran que la Biblia no se refiere a esas necesidades. Hemos observado que la Biblia es una historia del trato de Dios con la comunidad redimida a través de los años. No es un manual que trate directamente cada pregunta imaginable que pueda surgir. La suficiencia total de la Biblia para la fe y la práctica de un creyente descansa en llevar sus enseñanzas al próximo nivel. La Palabra de Dios no solo enseña específicamente sus varios contextos sino que también provee liderazgo en el desarrollo de una perspectiva bíblica y conjunto de valores. Consideramos lo que esto implica y cómo podemos organizar su enseñanza para tratar las preguntas más grandes que tenemos. La Biblia de muchos cristianos virtualmente no tiene uso. Algunos tienen la tendencia de guiar sus vidas según las impresiones que les llegan en lugar de tener un sistema de razonamiento para tomar decisiones. Si entendiste lo que este libro presentó, debes sentirte abrumado por tu responsabilidad de obtener una mayor comprensión de las Escrituras y cómo extender la aplicación de su enseñanza a los asuntos de la vida.

Las personas que han experimentado un método místico «para encontrar la voluntad de Dios» a veces sienten que no hay suficiente Dios, oración o Espíritu en este modelo. Dadas las presuposiciones subjetivas que dirigen tales modelos, yo entiendo que ellos no encuentran lo que buscan en un modelo que los valores dirijan. Pero creo firmemente que este modelo nos lleva a Dios de la manera en que él nos diseñó. Primero, nuestro acceso a Dios para el dominio del conocimiento es mediante su Palabra. Estoy seguro que tú has visto cómo yo valoro la Biblia. No puedo separar el dar valor a la Biblia de darle valor a la mente de Dios. Así es como Dios ordenó la comunicación de él con cada generación. Esta es nuestra única fuente objetiva del conocimiento acerca de Dios y su voluntad. Cuando un modelo acerca de conocer la voluntad de Dios hace énfasis en una comunicación subjetiva de Dios antes de hacer un cuidadoso estudio de las Escrituras, este ha socavado el mismo camino que Dios escogió para comunicarse con nosotros. Cuando oramos: «Señor, queremos ver a Jesús», entonces necesitamos verlo al leer los Evangelios, porque allí es que él se revela por completo.

Segundo, mi modelo me lleva a orar. Mi oración se enfoca en una petición de ayuda y protección que nunca conoceré, a medida que cumplo con mi responsabilidad para la vida que Dios me dio para vivir. Oro honestamente por la convicción del Espíritu y mi sensibilidad a esa convicción a medida que proceso las decisiones. Creo un modelo de discernimiento que depende de la perspectiva y el desarrollo de los valores que requiere una experiencia intensa en todos estos dominios.

Si te sientes desilusionado porque yo no tengo suficientes directrices adecuadas para las preguntas, ¡está bien! Mi propósito es señalarte una dirección que te capacite a buscar y encontrar tus respuestas. Tal vez te sientas inadecuado para esta tarea. Tal vez te sientas perdido en un libro tan grande como la Biblia. ¡No te des por vencido, comienza el peregrinaje! Esa es la voluntad de Dios para ti.

Notas

Capítulo 1

1. Titus, Harold H., Marilyn S. Smith y Richard T. Nolan, *Living Issues in Philosophy* [Temas de vida en la filosofía], 7ma. edición, Van Nostrand Company, New York, 1979, p. 174.

2. Kaiser, Walter C. hijo, *A Neglected Text in Bibliology Discussions: 1 Corinthians 2:6-16* [Un texto descuidado en discusiones de bibliología: 1 Corintios 2:6-16], Revista Teológica Westminster 43, 1981, pp. 301-19.

3. El tema para el cual nuestras decisiones requieren una reflexión crítica a partir de una cosmovisión básica cristiana está bien descrito en un libro recientemente publicado que llegó a mi escritorio demasiado tarde para incorporarlo a mis escritos. Por favor, ver Dennis P. Hollinger, *Choosing the Good: Christian Ethics in a Complex World* [Escoger lo bueno: Ética cristiana en un mundo complejo], Baker, Grand Rapids, 2002, especialmente la parte 3.

Capítulo 2

1. The Westminster Confession of Faith [La confesión de fe de Westminster], VI.6.

2. Nash, Ronald H., *Faith and Reason: Searching for a Rational Faith* [Fe y razón: Búsqueda de una fe racional], Zondervan, Grand

Rapids, 1988, ver la parte 1 sobre «The Christian World-View» [La cosmovisión cristiana].

3. Cf. Walsh, Brian J. y J. Richard Middleton, The Transforming Vision: Shaping a Christian World View [La visión transformadora: Dándole forma a una cosmovisión cristiana], InterVarsity Press, Downers Grove, ILL, 1984, p. 33

Capítulo 3

1. Fields, Weston, *The Sodom Tradition in Intertestamental and New Testament Literature* [La tradición de Sodoma en la literatura Intertestamental y el Nuevo Testamento], en Gary Tl Meadors, ed., New Testament Essays in Honor of Nomer A. Kent, Jr. [Ensayo del Nuevo Testamento en honor de Homer A. Kent, hijo], BMH Books, Winona Lake, IND, 1991, pp. 35-48.

2. Danker, Frederick William, ed., A Greek-English Lexicon of the New Testament and Other Early Christian Literature (BDAG), [Un léxico griego-inglés del Nuevo Testamento y otra literatura cristiana primitiva], 3ra. edición, University of Chicago Press, Chicago, 2000, 525a.

3. Ibid., 168ª.

Capítulo 4

1. Pan, Chou Wee, *Fool [entry 211]*, [Tonto (entrada 211)], en Willem Van Gemeren, ed., *New Inernational Dictionary of Old Testament Tehology and Exegesis, vol, 1* [Nuevo diccionario internacional de la teología y exégesis del Antiguo Testamento, vol. 1], Zondervan, Grand Rapids, 1997, pp. 306-9.

2. Para más información acerca de la adivinación en el Antiguo Medio Oriente, ver I. Mendelsohn, *Divination in George A. Buttrick* [Adivinación en George Al Buttrick], ed., The Interpreter's Dictionary of the Bible, vol. 1 [El diccionario interpretativo de la Biblia, vol. 1], Abingdon Press, Nashville, 1962, pp. 586-88; Bruce Waltke, *Finding the Will of God: A Pagan Notion?* [Buscar la voluntad de Dios: ¿Una noción pagana?], Vision Houyse, Gresham, Oregon, 1995, pp. 41-58; y Frederick H. Cryer, *Divination in Ancient Israel and Its Near Eastern Environment* [La adivinación en el antiguo Israel y su ambiente del Cercano Oriente], Sheffield Academic Press, Sheffield, Inglaterra, 1994.

3. Van Dam, Cornelis, The Urim and Thumminm: A Means of Revelation in Ancient Israel [El *Urim* y el *Tumim*: Un medio de revelación en el antiguo Israel], Eisenbrauns, Winona Lake, Indiana, 1997, p. 254.

Capítulo 5

1. Ver F.H. Klooster, Sovereignty of God [Soberanía de Dios], en Walter A. Elwell, ed. Evangelical Dictionary of Theology [Diccionario evangélico de teología], Baker, Grand Rapids, 1984, pp. 1038-39.

Capítulo 6

1. Ver Walter C. Kaiser, hijo, *Toward Old Testament Ethics* [Hacia la ética del Antiguo Testamento], Zondervan, Grand Rapids, 1983.
2. Ver la discusión de Levítico 11 en Wenham, Gordon J., *The Book of Leviticus* [El libro de Levítico], Eerdmans, Grand Rapids, 1979.

Capítulo 7

1. Ver Wittmer, Michael, *Heaven Is a Place on Earth* [El cielo es un lugar en la Tierra], Zondervan, Gran Rapids, 2004; Albert M. Wolters, Creation Regained: Biblical Basis for a Reformational Worldview [Creación recuperada: Base bíblica para una cosmovisión de la reforma], Eerdmans, Grand Rapids, 1985 y James W. Sire, The Universe Next Door: A Basic Worldview Catalog [El universo vecino: Un catálogo de la cosmovisión básica], InterVarsity Press, Downers Grove, ILL., 1997.

Capítulo 8

1. Hace muchos años yo me aprendí de memoria la frase «las normas y los valores que reconocemos y aplicamos» de F.F. Bruce, pero no puedo citar la fuente.
2. Para otra descripción, ver Gary T. Meadors, «Conscience» [Conciencia], en Walter A. Elwell, ed. *The Evangelical Dictionary of Biblical Teology* [El diccionario evangélico de la teología bíblica], Baker Books, Grand Rapids, 1996.

Capítulo 9

1. Brown, Raymond E., *The Epistles of John* [Las Epístolas de Juan], The Anchor Bible, vol. 30 [La Biblia Ancla, vol. 30], Doubleday, New York, 1982, pp. 341-50.

2. Ver Warfield, B.B., *The Leading of the Spirit* [La guía del Espíritu], en Biblical and Theological Studies [Estudios bíblicos y teológicos], Presbyterian and Reformed Publishing Company, Filadelfia, 1952 y John Murray, *The Guidance of the Holy Spirit* [La guía del Espíritu Santo], en *Collected Writings of John Murray* [Colección de escritos de John Murray], vol 1, Banner of Truth Trust, 1976.

3. Creo que los «dones milagrosos» que era propiedad de los individuos, y que no eran un acto directo de Dios solamente, cesó con la era apostólica. Para una perspectiva común acerca de esta clase de don, ver Wayne A. Grudem, ed., *Are Miraculous Gifts for Today? Four Views* [¿Son los dones milagrosos para hoy? Cuatro perspectivas], Zondervan, Grand Rapids, 1996

Capítulo 10

1. Tiessen, Terrance, *Providence and Prayer: How Does God Work in the World?* [Providencia y oración: ¿Cómo obra Dios en el mundo?], InterVarsity Press, Downers Grove, ILL., 2000.

Capítulo 11

1. Tendrás que leer una variedad de libros para comenzar a formar tu perspectiva acerca del divorcio. Yo sugiero que comiences con William A. Heth y Gordon J. Wenham, *Jesus and Divorce: The Problem with the Evangelical Consensus* [Jesús y el divorcio: El problema con el consenso evangélico], Thomas Nelson, Nashville, 1985. Este volumen te dará una visión general de la mayoría de las opciones para interpretar pasajes acerca del divorcio.

2. Barna, George, *The Church Today: Insightful Statistics and Commentary* [La iglesia actual: Estadística y comentarios perspicaces], Barna Research Group, Glendale, California, 1990. Para más información, ver el sitio web de Barna: www.barna.org.

Bibliografía selecta

Buttrick, George A., ed., *The Interpreter's Dictionary of the Biblia* [El diccionario interpretativo de la Biblia]. 5 volúmenes, Abingdon Press, Nashville, 1962.

Elwell, Walter A., ed., *Evangelical Dictionary of Theology* [Diccionario evangélico de teología]. Baker, Grand Rapids, 1984.

Friesen, Garry, *Tus decisiones y la voluntad de Dios*. Editorial Vida, Miami, FL, 2006.

Hollinger, Dennis P., *Choosing the Good: Christian Ethics in a Complex World* [Escoger lo bueno: Ética cristiana en un mundo complejo]. Baker, Grand Rapids, 2002.

Kaiser, Walter C., *A Neglected Text in Biblioloby Discussions: 1 Corinthinas 2:6-16* [Un texto descuidado en discusiones de bibliología: 1 Corintios 2:6-16], Westminster Theological Journal 43, 1981, pp. 301-19.

_____ *Toward Old Testament Ethics* [Hacia la ética del Antiguo Testamento], Zondervan, Grand Rapids, 1983.

Milco, Michael R., *Ethical Dilemmas in Church Leadership: Case Studies in Biblical Decision Making* [Dilemas éticos en el liderazgo de la iglesia: Caso de estudio al tomar la decisión bíblica], Kregel, Grand Rapids, 1997.

Nash, Ronald H., *Faith and Reason: Searching for a Rational Faith* [Fe y razón: Búsqueda de una fe racional], Zondervan, Grand Rapids, 1988.

Sire, James W., *The Universe Next Door: A Basic Worldview Catalog* [El universo vecino: Un catálogo de la cosmovisión básica], InterVarsity Press, Downers Grove, ILL, 1997.

Smith, M. Blaine, *Knowing God's Will: Biblical Principles of Guidance* [Conocer la voluntad de Dios: Una guía de principios bíblicos], InterVarsity Press, Downers Grove, ILL., 1979.

Van Dam, Cornelis, *The Urim and Thummim: A Means of Revelation in Ancient Israel* [El *Urim* y el *Tumim*: Un medio de revelación en el antiguo Israel], Eisenbrauns, Winona Lake, IND, 1997

Van Gemern, Willem, ed., *New International Dictionary of Old Testament Theology and Exegesis* [El nuevo diccionario internacional de la teología y la exégesis del Antiguo Testamento], 5 volúmenes, Zondervan, Grand Rapids, 1997.

Walsh, Brian J. y J. Richar Middleton, *The Transforming Vision: Shaping a Christian World View* [La visión transformadora: Dándole forma a una cosmovisión cristiana], InterVarsity Press, Downers Grove, ILL, 1984.

Waltke, Bruce, *Finding the Will of God: A Pagan Notion?* [Buscar la voluntad de Dios: ¿Una noción pagana?], Vision House, Gresham, Oregon, 1995.

Wolters, Albert M., *Creation Regained: Biblical Basis for a Reformational Worldview* [Creación recuperada: Base bíblica para una cosmovisión de la reforma], Eerdmans, Grand Rapids, 1985.

Gary T. Meadors, doctor en Teología, es profesor de griego y Nuevo Testamento en Grand Rapids, en el Seminario teológico de Cornerstone University en Michigan.

Nos agradaría recibir
noticias suyas.
Por favor, envíe sus comentarios
sobre este libro a la dirección
que aparece a continuación.
Muchas gracias.

EDITORIAL VIDA
7500 NW 25th Street, Suite 239
Miami, Florida 33122

vida@zondervan.com
www.editorialvida.com